¿Puede la ciencia explicarlo todo?

John C. Lennox

Editorial CLIE
www.clie.es

EDITORIAL CLIE
C/ Ferrocarril, 8
08232 VILADECAVALLS
(Barcelona) ESPAÑA
E-mail: clie@clie.es
http://www.clie.es

Publicado originalmente en inglés por The Good Book
Company, bajo el título *Can science explain every thing?*
© John C. Lennox, 2019.
Traducido y publicado con permiso de The Good Book
Company.

*El texto Bíblico ha sido tomado de la versión Reina-Valera
©1960 Sociedades Bíblicas en América Latina. Utilizado
con permiso.*

¿PUEDE LA CIENCIA EXPLICARLO TODO?
ISBN: 978-84-18204-00-5
Depósito Legal: B 22036-2020
Teología cristiana
Apologética
Referencia: 225141

Impreso en Estados Unidos de América / *Printed in the United States of America*

Acerca del autor

JOHN C. LENNOX está licenciado en Filosofía y Letras, Máster de Matemáticas, Máster de Bioética, Doctor en Filosofía y Doctor en Ciencias.

John Lennox es profesor emérito de matemáticas por la Universidad de Oxford. Es miembro emérito de matemáticas y filosofía de la ciencia en el Green Templeton College y es miembro asociado de la Said Business School.

Ha escrito extensamente sobre la relación entre la ciencia, la religión y la ética, y ha participado en numerosos debates públicos con personajes como Christopher Hitchens, Richard Dawkins, Lawrence Krauss, Stephen Law y Peter Singer, entre otros. Habla ruso, francés y alemán, y da conferencias por todo el mundo sobre matemáticas, ética empresarial, ciencia y teología.

John vive cerca de Oxford y está casado con Sally. Tienen tres hijos y tantos nietos que el número pone a prueba la capacidad de un matemático de Oxford.

El profesor Lennox aplica la lógica de un matemático para demostrar que la ciencia y la religión no son enemigos naturales, como algunos quieren que creamos. Su exposición, tremendamente accesible, está salpicada de colorido humor y de experiencias personales relacionadas con la emoción que provocan las conclusiones racionales, sensatas e íntegras que hallamos en los manuscritos más fidedignos del mundo antiguo. Desmonta mitos, aborda el tema de los milagros, la maldad y el sufrimiento, analiza meticulosamente el modelo estándar de la física, la teoría del Big Bang y el universo abierto. Pero ten cuidado, sobre todo si procedes de un trasfondo más bien escéptico: este es un libro que podría marcar una diferencia en tu cosmovisión e incluso en tu vida.

Sir Brian Heap, CBE, FRS
Miembro distinguido, Centre of Development Studies; ex profesor del St Edmund's College, Cambridge, Reino Unido

John Lennox analiza la relación entre la ciencia y el cristianismo de forma amena, amplia y que induce a pensar. Examina los documentos y las conclusiones de científicos prominentes, desde Newton hasta Hawking, sobre la religión, el universo, Dios y la Creación; y estudia el papel de la fe y del argumento racional tanto en la religión como en la ciencia. Recomiendo mucho este libro como lectura cautivadora y desafiante.

Dra. Cheryl Praeger
Profesora de matemáticas, Universidad de Australia Occidental

De una manera clara, fresca y brillantemente sencilla, John Lennox responde a preguntas, disipa mitos y clarifica controversias, siendo como es un avezado especialista en el tema; y además lo hace con un estilo admirablemente conciliador. Recomiendo sinceramente ¿Puede la ciencia explicarlo todo?

Dr. Os Guinness,
escritor y comentarista social

Con el encanto y el ingenio propio de un irlandés, y la lógica inatacable de su mente matemática, Lennox va desbastando las prolongadas controversias entre la ciencia y Dios. Usando un proceso intelectual notablemente racional, en este encantador y ameno tratado Lennox disecciona amablemente el materialismo y los argumentos de sus defensores.

Dr. James M. Tour,
profesor de ciencias de los materiales y nanoingeniería, Rice University, Estados Unidos

Estoy muy contento de que mi colega y amigo John Lennox haya invertido su tiempo en ofrecernos un resumen admirablemente legible de su labor científica. Durante los años he aprendido muchas cosas del profesor Lennox, viéndole interactuar con los críticos y los escépticos con amabilidad y osadía. Creo que este libro te resultará inmensamente útil y agradable.

Ravi Zacharias,
escritor y conferenciante

Hoy en día muchos creen que la ciencia ha demostrado la inexistencia de Dios y ha vuelto irrelevantes las afirmaciones de la Biblia. Sin embargo, quizá nunca se han planteado seriamente las evidencias que respaldan tales creencias. Este excelente libro comienza explicando por qué estas son preguntas importantes, y luego pasa a demostrar cómo la ciencia es totalmente compatible con el cristianismo. Será especialmente de utilidad para los creyentes cristianos que nunca han pensado en la relación entre la ciencia y su fe, y para aquellos que se plantean seriamente las afirmaciones del cristianismo. Me ha resultado muy provechoso, y lo recomiendo encarecidamente.

Dr. John V. Priestley,
profesor emérito de neurociencia, Queen Mary University of London,
Reino Unido

Este es un libro ameno sobre un tema difícil. Este libro de Lennox, sencillo sin ser simplista, es un punto de acceso claro y comprensible a todo aquel que esté interesado en un ámbito controvertido que suele estar lleno de expresiones técnicas y oscurantistas. En esta obra tan accesible, Lennox expone hábilmente la racionalidad de las creencias cristianas dadas las evidencias que proporciona la ciencia.

Dr. Ransom H. Poythress,
profesor adjunto de biología, Houghton College, Nueva York

Este fascinador libro nos ofrece una mirada fascinante, permite acercarnos al pensamiento y a la lógica de Lennox, tan clara como el agua. Recomiendo sinceramente este libro a todos los lectores que, al igual que yo, intentan reconciliar con el cristianismo determinados aspectos de la ciencia. Es una lectura excelente que nos induce a pensar.

Dr. Peter Török,
profesor de física óptica, Universidad Tecnológica de Nanyang, Singapur

Humano, honesto y tremendamente legible.

Dr. Alec Ryrie,
profesor de historia del cristianismo, Universidad de Durham, Reino Unido, y Gresham Professor of Divinity

Índice

Para Sally, en ocasión de nuestras bodas de oro,
14 de septiembre de 2018.

Con mi profunda gratitud por tu amor,
tu apoyo y tu estímulo inalterable,
que han hecho posible tanto este libro como muchos otros.

Prefacio

He escrito este libro como respuesta a muchos jóvenes y adultos que me han pedido una introducción al "debate sobre Dios y la ciencia" que fuera más accesible que mi libro *¿Ha enterrado la ciencia a Dios?* Además, muchos me pidieron que tratase de forma más concreta la relación entre el cristianismo y la ciencia en lugar de limitarme a las evidencias sobre la existencia de Dios. Espero que este libro responda de algún modo a sus peticiones.

John C. Lennox
Oxford, abril de 2018

Introducción:
La química cósmica

Si haces una búsqueda en Internet sobre el tema de la ciencia y la religión, solo harán falta un par de clics para convencerte de que te has metido en una zona de guerra.

En las cadenas de comentarios sobre prácticamente cualquier tema científico (desde la bioética y la psicología hasta la geología y la cosmología) descubrirás que ambas partes se agreden con hostilidad e intercambian insultos; seguro que nunca se te ocurriría juntar a ambos bandos en una mesa de negociación ni aunque las Naciones Unidas ordenasen un alto el fuego.

Existe lo que podríamos llamar, por conveniencia, "el bando científico". Sus integrantes se consideran la voz de la razón. Creen que luchan por hacer retroceder la marea de ignorancia y superstición que ha esclavizado a la humanidad desde que salimos del lodo primigenio. Podemos resumir su postura de esta manera:

La ciencia es una fuerza imparable de progreso humano que ofrecerá respuestas para nuestras numerosas preguntas sobre el universo y resolverá, si no todos, muchos de nuestros problemas humanos: las enfermedades, la energía, la contaminación, la pobreza. En algún momento del futuro, la ciencia podrá explicarlo todo y responder a todas nuestras necesidades.

Es posible que también den por hecho que, en algún momento del futuro, la ciencia proporcionará respuestas para al menos algunas de nuestras grandes preguntas sobre la vida: ¿de dónde venimos? ¿Por qué estamos aquí? ¿Qué sentido tiene nuestra existencia?

En el otro extremo tenemos lo que podríamos llamar "el bando de Dios". Sus miembros sostienen que detrás de todo lo que existe detectamos una inteligencia divina, e incluso afirman haber encontrado las respuestas a las mismas grandes preguntas que formulan los científicos, pero en un lugar muy distinto. Observan la complejidad y la maravilla de este universo y de nuestro planeta, increíblemente rico y diverso, y les parece evidente por sí mismo que hay una mente maravillosa detrás de nuestro hermoso y sorprendente mundo. Les extraña que pueda haber personas que no vean las cosas de la misma manera.

En ocasiones, el resultado es el enfrentamiento y el intercambio de insultos en controversias desmedidas que producen más calor que luz.

Por lo tanto, no es de extrañar que muchas personas lleguen a la conclusión de que *Dios y la ciencia no se pueden mezclar*, como cuando mezclamos sodio metálico o potasio con agua: se produce un intenso borboteo que genera fuego y calor y que concluye con un fuerte estallido.

Pero, ¿y si hubiera otro modo de abordar todo este asunto? ¿Y si nos han engañado para que nos aboquemos a una guerra sin sentido basada en información errónea y en una manera de pensar equivocada? No sería la primera vez. ¿Y si existiera una química cósmica diferente, una alternativa a la que acaba con una explosión?

DE DÓNDE VENGO

Si hablamos de geografía, provengo de Irlanda del Norte, que es un lugar que lamentablemente tiene mala reputación en lo relativo a "la cuestión de Dios". Crecí en un país inmerso en un profundo cisma sectario y cultural, representado popularmente como la batalla entre "protestantes" y "católicos" (aunque, claro está, la situación era mucho más compleja). Esta situación provocó tres décadas de asesinatos brutales, atentados con bombas y terrorismo; esta etapa se conoce como "el conflicto norirlandés".

En medio de estas circunstancias, mis padres me dieron un ejemplo estupendo. Eran cristianos, sí, pero no sectarios; en aquellos tiempos, mantener su postura era complicado. Mi padre evidenció su falta de sectarismo al contratar para su tienda a personas del otro bando religioso. Debido a esto le pusieron una bomba, y mi hermano resultó gravemente herido. El terrorismo afectó a nuestro hogar de una manera muy real.

Debo muchas cosas a mis padres, pero quizá la más destacable sea que me quisieron lo bastante como para concederme espacio para pensar por mí mismo; lamento admitir que esto no era algo muy habitual en mi país, dado que había mucha intolerancia y muchas opiniones inatacables. También estoy agradecido porque cuando ingresé en la Universidad de Cambridge en otoño de 1962 mis padres ya me habían animado a que leyera mucho y reflexionase a fondo sobre otras cosmovisiones que no eran cristianas.

Posteriormente he tenido el privilegio de hablar de estos temas y, durante los últimos veinte años, debatir en público los argumentos relevantes frente a destacados ateos, cuyo líder mundial probablemente siga siendo Richard Dawkins, que, como yo, es profesor en la Universidad de Oxford. Siempre he intentado tratar con respeto a personas que tienen cosmovisiones diferentes a la mía, descubrir cómo llegaron a esa postura y saber por qué les apasiona tanto.

Cabe la posibilidad de que estés leyendo esto y estés convencido de que la ciencia puede explicarlo todo y que en este mundo ya no hay lugar para Dios. También puede ser que sientas curiosidad y quieras formarte una opinión sobre el tema. Seas quien seas, espero que disfrutes leyendo la introducción a este tema, y que te estimule para abordar esta cuestión de una forma científica; es decir, con la mente abierta al resultado, sea cual sea, y con la disposición de seguir la evidencia hasta donde te conduzca, aunque hacerlo te produzca cierta incomodidad en algún sentido.

Me gustaría sugerir que la idea popular de que la ciencia y Dios son temas excluyentes no es cierta, y que resulta relativamente sencillo demostrar que no lo es. En este breve libro quiero examinar muchas de las malas interpretaciones que tienen las personas, no solo sobre la fe y la creencia en Dios, sino sobre la propia ciencia. Al hacerlo, quiero demostrar que existe una manera distinta de enfocar las cosas, un modo más racional, más razonable *y* más saludable que la idea del conflicto entre la ciencia y la religión (que está demasiado extendida).

Quiero sugerir que es posible un tipo diferente de química cósmica; que entre la ciencia y la religión se produce un tipo de reacción distinto que es más fiel al espíritu y a la esencia de ambas, y también más fructífero que ese debate cansado y arraigado que vemos a nuestro alrededor.

El hidrógeno y el oxígeno, como el potasio y el agua, también crean una mezcla explosiva, pero el resultado final no podría ser más distinto: el agua que refresca y da vida.

1
¿Se puede ser científico y creer en Dios?

"**P**ero en estos tiempos que corren, ¿es que es posible ser científico y creer en Dios?"

Este es un punto de vista que he oído expresar a muchas personas con el transcurso de los años. Pero sospecho que a menudo las dudas no expresadas son lo que impide a muchas personas tratar el tema de la ciencia y Dios con pensadores serios.

Como respuesta, me gusta formular una pregunta muy científica: "¿Por qué no?". Y me responden: "Bueno, porque la ciencia nos ha proporcionado unas explicaciones maravillosas del universo y nos ha demostrado que Dios no es necesario. La creencia en Dios está anticuada. Pertenece a aquellos tiempos en que las personas no entendían el universo y optaban por la vía fácil diciendo que «lo hizo Dios». Esa concepción del «Dios que explica lo que ignoramos» ya no funciona. De hecho, cuanto antes nos libremos de Dios y de la religión, mejor".

Entonces suspiro para mis adentros y me dispongo a mantener una larga conversación en la que intentaré desenredar las numerosas conjeturas, malentendidos y medias verdades que la gente ha absorbido, sin aplicarles un pensamiento crítico, de la sopa cultural en la que nadamos.

UN PUNTO DE VISTA HABITUAL

No es de extrañar que este punto de vista sea tan frecuente que se haya convertido en la postura por defecto de muchas personas, por no decir de la mayoría; es un paradigma que sostienen algunas voces importantes. Stephen Weinberg, por ejemplo, ganador del Premio Nobel de Física, dijo:

> *Este mundo necesita despertar de la larga pesadilla de la religión. Los científicos deberíamos hacer todo lo que esté en nuestra mano para debilitar la influencia de la religión, y esta podría ser, de hecho, nuestra mayor contribución a la civilización.*[1]

Espero que no hayas pasado por alto el siniestro elemento totalitario de esta afirmación: "*todo* lo que esté en nuestra mano...".

Esta actitud no es nueva. Me encontré con ella por primera vez hace cincuenta años, mientras estudiaba en la Universidad de Cambridge. En cierta ocasión me encontré en una cena oficial del colegio mayor, sentado junto a otro ganador del Premio Nobel. Yo nunca antes había conocido a un científico tan prestigioso y, para aprovechar al máximo la conversación, probé a formularle algunas preguntas. Por ejemplo, le pregunté cómo moldeaba su ciencia la cosmovisión que tenía, su imagen global del estatus y el sentido del universo. En concreto, me interesaba saber si sus amplísimos

---

1. *New Scientist*, número 2578, 18 de noviembre de 2006.

estudios le habían inducido a reflexionar sobre la existencia de Dios.

Enseguida me di cuenta de que aquella pregunta le hacía sentirse incómodo, y de inmediato di marcha atrás. Sin embargo, cuando acabó la cena me invitó a ir a su estudio. También había invitado a dos o tres de los estudiantes más veteranos, pero a nadie más. Me invitó a que tomara asiento y, por lo que recuerdo, los demás se quedaron de pie.

Me dijo:

—Lennox, ¿usted quiere hacer carrera en la ciencia?

—Sí, señor —respondí.

—Entonces — prosiguió— delante de estos testigos, esta noche, debe renunciar a esa fe infantil en Dios. Si no lo hace, su fe le convertirá en un paralítico intelectual, y al compararse con sus colegas siempre saldrá perdiendo. Sencillamente, no llegará lejos.

¡Toma presión social! Nunca en mi vida había pasado por nada semejante.

Me quedé sentado en la butaca, paralizado y atónito frente a la desfachatez de aquella agresión que no me esperaba. Lo cierto es que no sabía qué decir, pero al final conseguí balbucear:

—Señor, ¿qué puede ofrecerme usted que sea mejor que lo que tengo?

Como respuesta, me ofreció el concepto de la "evolución creativa" que expuso en 1907 el filósofo francés Henri Bergson.

De hecho, gracias a C. S. Lewis, yo conocía algunas cosas de Bergson y le contesté que no entendía cómo la filosofía de Bergson era suficiente para basar toda una cosmovisión sobre ella y para ofrecer un fundamento para el significado, la moral y la vida. Con la voz temblorosa y todo el respeto que pude reunir, le dije al grupo que me rodeaba que la cosmovisión bíblica me parecía mucho más enriquecedora y las evidencias de su veracidad más atractivas, de modo que, con el debido respeto, pensaba correr el riesgo y seguir defendiéndolas.[2]

Fue una situación asombrosa. Ahí tenía a un científico brillante intentando acosarme para que renunciase al cristianismo. Desde entonces, he pensado muchas veces que, si se hubiera dado la situación inversa y yo me hubiera sentado en aquella silla siendo ateo, rodeado de académicos cristianos que me presionaran para abandonar mi ateísmo, eso habría provocado un revuelo en toda la universidad y seguramente habría acabado con un expediente disciplinario para los profesores involucrados.

Pero la cuestión es que aquel incidente un tanto alarmante fortaleció mi corazón y mi mente. Me decidí a hacer todo lo que pudiera para ser el mejor científico que pudiese ser y, si alguna vez tenía oportunidad, animar a las personas a reflexionar sobre las grandes preguntas sobre Dios y la ciencia, para que llegasen a sus propias conclusiones en vez de verse acosadas o presionadas. En los años transcurridos desde entonces he tenido el privilegio de conversar reflexivamente con muchas personas, tanto jóvenes como mayores, con una actitud amistosa y con un análisis abierto sobre estas preguntas. Lo que encontrarás en el resto de este libro son algunos de los pensamientos y de las ideas que me han resultado más útiles para compartirlas con otros, y algunas de las conversaciones más interesantes e inusuales que he mantenido.

EL LADO OSCURO DE LA ACADEMIA

Aquel día aprendí otra valiosa lección: la existencia de un lado oscuro en el mundo académico. Hay algunos científicos

---

2. En aquel momento no lo sabía, pero, curiosamente, Bergson, que era judío, años más tarde derivó hacia conceptos ortodoxos sobre Dios y, en su testamento de 1937, confesó que se habría convertido al cristianismo de no haber sido por el creciente antisemitismo en Europa.

que parten de ideas preconcebidas, que en realidad no quieren analizar las evidencias, y que parecen estar obnubilados no por la búsqueda de la verdad, sino por el deseo de propagar la idea de que la ciencia y Dios no tienen relación alguna y que quienes creen en Dios son, sencillamente, ignorantes.

En pocas palabras: eso no es cierto.

Es más, no hace falta ser muy perspicaz para darse cuenta de que es mentira. Piensa por ejemplo en el Premio Nobel de Física. En 2013 lo obtuvo Peter Higgs, un escocés que es ateo, por su investigación pionera sobre las partículas subatómicas y por su predicción (confirmada un tiempo después) de la existencia del bosón de Higgs. Algunos años antes, el premio lo recibió William Phillips, un estadounidense que es cristiano.

Si la ciencia y Dios no tuvieran relación, no habría cristianos ganadores del Premio Nobel. De hecho, más del 60 por ciento de los ganadores del Nobel entre 1901 y 2000 eran cristianos confesos.[3] Quiero sugerir que lo que separa a los profesores Higgs y Phillips no es su física o su estatus como científicos; ambos han obtenido el Premio Nobel. Lo que los separa es su *cosmovisión*. Higgs es ateo y Phillips es cristiano. La conclusión es que la afirmación de aquellos eruditos que hace tantos años quisieron amilanarme en Cambridge, que decía que si quieres ser respetado dentro del mundo científico tienes que ser ateo, es obviamente falsa. No puede existir un conflicto esencial entre ser científico y tener fe en Dios.

---

3. Según el libro *100 Years of Nobel Prizes* ("100 años de Premios Nobel", 2005), de Baruch Aba Shalev, que consiste en una exposición sobre los Premios Nobel concedidos entre 1901 y 2000, el 65,4 % de los premiados habían dicho que el cristianismo, en sus diversas formas, era su opción religiosa (423 galardonados). En general, los cristianos han obtenido un total del 78,3 % de todos los Premios Nobel de la Paz, el 72,5 % de los de Química, el 65,3 % de Física, el 62 % de Medicina, el 54 % de Economía y el 49,5 % de Literatura.

Sin embargo, sí existe un conflicto muy real entre las cosmovisiones que defienden estos dos hombres tan brillantes: el ateísmo y el teísmo.

¿QUÉ ES EXACTAMENTE EL ATEÍSMO?

Hablando con propiedad, el ateísmo es sencillamente la ausencia de creencia en Dios. Sin embargo, esto no significa que los ateos no tengan una cosmovisión. Uno no puede negar la existencia de Dios sin propugnar toda una serie de creencias sobre la naturaleza del mundo. Este es el motivo de que el libro de Richard Dawkins *El espejismo de Dios* no sea un mero tratado de una página en el que afirma que no cree en Dios. Es un grueso volumen dedicado a su cosmovisión atea, el naturalismo, que sostiene que este universo/ multiverso es lo único que existe, que lo que los científicos llaman "energía de masa" es el componente fundamental del universo, y que no existe nada más.

El físico Sean Carroll, en su libro superventas *El gran cuadro: Los orígenes de la vida, su sentido y el universo entero*, explica cómo concibe el naturalismo a los seres humanos:

> *Los humanos somos pellas de lodo organizado, que por medio de los actos impersonales de los patrones naturales han desarrollado la capacidad de contemplar, valorar y relacionarse con la intimidante complejidad del mundo que nos rodea... El sentido que encontremos en la vida no es trascendente...* [4]

Esta es la cosmovisión en la que muchos ateos depositan su fe.

Mi cosmovisión es el teísmo cristiano. Creo que existe un Dios inteligente que creó, ordenó y sustenta el universo. Hizo a los seres humanos a su imagen, lo cual quiere decir

---

4. Sean Carroll, *The Big Picture*, pp. 3-5 (*El gran cuadro: Los orígenes de la vida, su sentido y el universo entero*, Pasado & Presente, 2017).

que estos han recibido la capacidad no solo de comprender el universo que les rodea, sino también de conocer a Dios y a disfrutar de comunión con él. Para los cristianos, la vida tiene un significado glorioso y trascendente. Quiero demostrarte que la ciencia, lejos de minar este punto de vista, lo respalda poderosamente. Sin embargo, más adelante veremos que es al *ateísmo* al que la ciencia no proporciona apenas respaldo. Pero, antes de llegar ahí, me gustaría preparar el terreno ofreciéndote cierto contexto histórico para saber cómo llegamos a esta extraña tesitura de pensar que la ciencia y Dios no tienen nada que ver.

LECCIONES A TRAVÉS DE LA HISTORIA

Siempre he tenido facilidad para los idiomas; normalmente, las matemáticas y los idiomas van de la mano. En realidad, cuando era un pobre y esforzado alumno de primer curso en Cardiff, aproveché la oportunidad de obtener unos ingresos extra para mi familia (que iba en aumento) dedicándome a traducir del ruso al inglés algunos trabajos de investigación matemática.

Gracias a una curiosa cadena de acontecimientos, pocos años más tarde me vi a bordo de un destartalado avión ruso que aterrizó en la ciudad de Novosibirsk, en Siberia, donde pasaría un mes dando clases e investigando en la universidad de aquel lugar.

Por muy retrógrada que fuera la infraestructura tecnológica en aquellos tiempos de gobierno comunista, algunos de los matemáticos rusos eran líderes mundiales, y fue todo un privilegio conocerlos y pasar algún tiempo con los profesores y con sus alumnos. Pero todos se quedaron pasmados por lo mismo: ¡que yo creyera en Dios!

Al final el rector de la universidad me invitó a explicar en una clase por qué yo, siendo matemático, creía en Dios.

Según parece, era la primera exposición de ese tipo que se impartía en aquel lugar en los últimos 75 años. El auditorio estaba atiborrado de gente, y había muchos profesores además de alumnos. Durante mi exposición, entre otras cosas, hablé de la historia de la ciencia moderna y conté cómo sus grandes pioneros (Galileo, Kepler, Pascal, Boyle, Newton, Faraday y Clerk-Maxwell) eran firmes y convencidos creyentes en Dios.

Cuando dije esto detecté cierta actitud airada entre el público y, dado que no me gusta que la gente se enfade durante mis exposiciones, hice una pausa para preguntarles por qué estaban tan irritados. Un profesor sentado en la primera fila me dijo:

—Estamos molestos porque esta es la primera vez que hemos oído que esos famosos científicos, sobre cuyos hombros descansamos nosotros, eran creyentes en Dios. ¿Por qué nadie nos lo había dicho?

Contesté:

—¿No es evidente que este hecho histórico no encaja con el «ateísmo científico» que les enseñaron? Luego procedí a señalar que la conexión entre la cosmovisión bíblica y el auge de la ciencia moderna era algo más que demostrado. Edwin Judge, un eminente historiador australiano especializado en historia antigua, escribe:

> *El cristianismo o, sobre todo, la doctrina bíblica de la Creación, es la creadora... de la metodología de la ciencia moderna. Ya no sostenemos el paradigma de los griegos, a pesar del hecho de que el mundo sigue considerándolo el origen de la ciencia. No lo es. El libro sobre la Creación es el origen de la ciencia moderna: el libro de Génesis.*[5]

---

5. Citado en goo.gl/uPDpNC (consultada el 1 de agosto de 2018).

C. S. Lewis lo resume perfectamente cuando escribe: "El hombre se hizo científico porque esperaba encontrar una ley en la naturaleza, y esperaba una ley en la naturaleza porque creía en un Legislador".[6]

Los historiadores de la ciencia recientes, como Peter Harrison, matizan más su formulación de la manera en que influyó el pensamiento cristiano sobre el panorama intelectual en el que nació la ciencia moderna, pero llegan a la misma conclusión básica: lejos de obstaculizar el surgimiento de la ciencia moderna, *la fe en Dios fue uno de sus impulsores*. Por consiguiente, considero un privilegio y un honor (no una vergüenza) ser tanto científico como cristiano.

Veamos algunos ejemplos de las convicciones de los grandes científicos. Johannes Kepler (1571-1630), que descubrió las leyes del movimiento planetario, escribió:

El principal objetivo de todas las investigaciones del mundo externo debe ser descubrir el orden racional que Dios ha impuesto en él, y que nos reveló en el lenguaje de las matemáticas.

Esto no fue una expresión de un mero deísmo, dado que Kepler en otros lugares reveló la profundidad de sus convicciones cristianas: "Creo única y exclusivamente en el servicio a Jesucristo. En él se encuentra todo refugio y solaz".

Michael Faraday (1791-1867), que podría ser considerado el mayor científico experimental de la historia, era un hombre con una profunda creencia cristiana. Cuando yacía en su lecho de muerte, un amigo que le visitaba le preguntó:

—Sir Michael, ¿qué hipótesis tiene ahora?

Teniendo en cuenta que era un hombre que se había pasado la vida formulando hipótesis sobre una amplia gama

---

6.   C. S. Lewis, *Miracles*, p. 140 (*Los milagros*, Ediciones Encuentro, 2017).

de cuestiones científicas, descartando algunas y afirmando otras, su respuesta fue radical:

—¡Hipótesis no tengo ninguna, caballero! Tengo certezas. Doy gracias a Dios porque mi cabeza moribunda no descansa sobre especulaciones, porque sé en quién he creído y estoy convencido de que Él puede guardar hasta el fin de los tiempos todo lo que le he confiado.

Al enfrentarse a la eternidad, Faraday tenía la misma certidumbre que sustentó al apóstol Pablo siglos antes que él.

GALILEO

"Pero, ¿no es cierto que a Galileo lo persiguió la Iglesia?", me preguntó otro miembro de mi público siberiano. "Sin duda eso demuestra que no existe armonía entre la ciencia y la fe en Dios".

En mi respuesta señalé que en realidad Galileo fue un firme creyente en Dios y en la Biblia, y que siguió siéndolo toda su vida. En cierta ocasión dijo que "las leyes naturales están escritas por la mano de Dios en el lenguaje de las matemáticas", y que "la mente humana es una obra de Dios, y una de las más excelentes".

Además, la versión popular y simplista de esta historia se ha modificado para que respalde una cosmovisión atea. En realidad, al principio Galileo disfrutó de un alto grado de respaldo por parte de los religiosos. En un principio, los astrónomos de la poderosa institución educativa jesuita del Colegio Romano respaldaron sus descubrimientos astronómicos y le agasajaron por ellos. Sin embargo, se enfrentó a la vigorosa oposición de filósofos seculares a quienes molestaba su crítica de Aristóteles.

Esto no podía por menos que crear problemas; sin embargo, permíteme que lo subraye, al principio no los tuvo con la Iglesia. En su famosa "Carta a la señora Cristina de Lorena, gran duquesa de Toscana" (1615), Galileo afirmaba que eran los profesores académicos quienes se oponían a él hasta tal punto que intentaban influir en las autoridades eclesiales para que se pusieran en su contra. Para los académicos la cuestión estaba clara: los argumentos científicos de Galileo amenazaban el aristotelismo omnipresente en la academia.

Siguiendo la línea del progreso de la ciencia moderna, Galileo quería formular teorías sobre el universo basándose en las *evidencias*, no en argumentos fundamentados en la apelación *a las teorías dominantes del momento* en general y en la autoridad de Aristóteles en particular. Galileo observaba el universo a través de su telescopio, y lo que vio hacía pedazos algunas de las principales hipótesis astronómicas de Aristóteles. Galileo observó las manchas solares, que ensuciaban lo que Aristóteles enseñaba que era un "sol perfecto". En 1604, Galileo divisó una supernova, que puso en tela de juicio la conclusión de Aristóteles de que los cielos eran inalterables, "inmutables".

El aristotelismo era la cosmovisión dominante en aquella época, y constituyó el paradigma que marcaba cómo se hacía la ciencia, pero era una cosmovisión en la que ya empezaban a aparecer algunas grietas. Aparte de esto, la Reforma protestante desafiaba la autoridad de Roma, por lo que, desde el punto de vista de Roma, la seguridad religiosa cada vez estaba más amenazada. La atribulada Iglesia Católica Romana, que, como casi todo el mundo en aquellos tiempos, aceptaba la visión aristotélica del mundo, sintió que no podía permitir que se criticase en serio a Aristóteles, aunque circulaban rumores (sobre todo entre los jesuitas) de que la propia Biblia no siempre respaldaba la concepción aristotélica de las cosas.

Sin embargo, esos rumores aún no eran lo bastante fuertes como para evitar la poderosa oposición a Galileo que provendría tanto del ámbito académico como de la Iglesia Católica Romana. Incluso entonces los motivos de esa oposición no fueron meramente intelectuales y políticos. Los celos y, también hemos de decir, la propia falta de habilidad diplomática de Galileo, fueron factores que contribuyeron a ella. Por ejemplo, molestó a la élite de sus tiempos al publicar en italiano y no en latín, con objeto de empoderar intelectualmente al pueblo llano. Se había comprometido loablemente con lo que hoy día se llama la comprensión pública de la ciencia.

Galileo, de forma poco útil y corta de miras, también desarrolló la costumbre de denunciar con términos sarcásticos a aquellos que discrepaban de él. Tampoco es que ayudara a su causa la manera en que gestionó la solicitud oficial de que incluyese en su *Diálogo sobre los dos máximos sistemas del mundo: ptolemaico y copernicano* el argumento del que había sido su amigo y mentor, el papa Urbano VIII, Maffeo Barberini. El papa sostenía que, dado que Dios es omnipotente, podía realizar cualquier fenómeno natural de muchas maneras, de modo que sería pretencioso por parte de los filósofos naturalistas afirmar que habían descubierto la única solución posible. Galileo, obediente, incluyó este argumento en su obra, pero lo puso en boca de un personaje corto de entendederas al que bautizó Simplicio ("tontaina"). Podríamos considerar que esto es un ejemplo clásico de cómo tirar piedras a tu propio tejado.

Por supuesto, no existe ninguna justificación para que la Iglesia Católica Romana utilizara el poder de la Inquisición para silenciar a Galileo, ni para que fueran necesarios varios siglos para rehabilitarlo. También hay que destacar que, de nuevo contrariamente a la creencia popular, Galileo *nunca* fue torturado, y pasó la mayor parte del subsecuente arresto domiciliario disfrutando de la hospitalidad de lujosas residencias privadas que pertenecían a sus amigos.

EL DESAFÍO A LA COSMOVISIÓN

La lección principal que podemos extraer es que fue Galileo, creyente en la cosmovisión bíblica, quien expuso una mejor comprensión *científica* del universo, no solo, como hemos visto, oponiéndose a algunos eclesiásticos sino enfrentándose a la resistencia y al oscurantismo de los filósofos seculares de su tiempo que, al igual que los miembros del clero, eran discípulos convencidos de Aristóteles.

Hoy día los filósofos y los científicos también tienen necesidad de mostrarse humildes a la luz de los hechos, incluso cuando es un creyente en Dios quien les llama la atención sobre aquellos. Que alguien no crea en Dios no es mayor garantía de ortodoxia científica que la creencia en él. Lo que está claro, tanto en la época de Galileo como en la nuestra, es que la crítica de un paradigma científico dominante está plagada de riesgos, independientemente de quién abogue por ella; y este hecho no les pasó desapercibido a los miembros de mi público académico ruso que vivían bajo un régimen totalitario.

Haciendo un comentario sobre "la cuestión Galileo" (y ese otro suceso icónico tan mal representado, el debate que mantuvieron Samuel Wilberforce y T. H. Huxley en Oxford en 1960), el historiador de la ciencia Colin Russell llega a la conclusión de que:

> *La creencia frecuente en que... las relaciones reales entre la religión y la ciencia durante los últimos siglos se han caracterizado por una profunda y persistente hostilidad... no es solo incorrecta desde el punto de vista histórico, sino que se trata de una caricatura tan grotesca que lo que cabría explicar es cómo pudo haber gozado del más mínimo grado de respetabilidad.*[7]

---

7.   C. A. Russell, "The Conflict Metaphor and Its Social Origin", *Science and Christian Belief*, 1 (1989), pp. 3-26.

2
Cómo llegamos hasta aquí: de Newton a Hawking

Es posible que el científico más celebrado de los tiempos modernos sea Stephen Hawking, que fue catedrático de Matemáticas en la Universidad de Cambridge, la misma butaca que ocupó sir Isaac Newton trescientos años antes. Newton era un firme y apasionado creyente en Dios y no percibía ningún conflicto entre su fe y la investigación científica; Hawking se declaraba ateo y dijo que tenemos que elegir entre la ciencia y Dios.

¿Cómo hemos llegado a esto? ¿Cómo pasamos de la creencia en Dios propia de Newton a la incredulidad de Hawking? ¿Se debió solamente al progreso de la ciencia? ¿O hay otro motivo?

Hay dos cosas a tener en consideración, que son evidentes pero que a menudo la gente pasa por alto.

AFIRMACIONES DE CIENTÍFICOS Y AFIRMACIONES CIENTÍFICAS

Al principio de su famosa serie televisiva *Cosmos*, el astrónomo y cosmólogo estadounidense Carl Sagan dijo: "El cosmos es todo lo que existe, ha existido y existirá". Esta no es una afirmación científica que pueda colocarse en la misma categoría que, por ejemplo, el enunciado científico de que la gravedad obedece a la ley de la inversa del cuadrado. El problema es que muchas personas atribuyen a todas las afirmaciones hechas por científicos la autoridad que la ciencia merece por derecho, sencillamente porque las han expresado científicos.

Este proceder es arriesgado porque los científicos (incluso los más brillantes) pueden entender muy mal las cosas. Richard Feynman, un físico ganador del Premio Nobel, dijo que fuera de su campo un científico es tan ignorante como cualquier otra persona. Un ejemplo bastante flagrante de este error es el que nos ofrece Stephen Hawking en su libro *La clave secreta del universo*. Allí dice que "la filosofía ha muerto... Los científicos se han convertido en los portadores de la antorcha del descubrimiento en nuestra búsqueda del conocimiento".[8] Me parece bastante imprudente decir que la filosofía está muerta al principio de un libro cuyo tema principal es la filosofía de la ciencia, la verdad.

¿ES LA CIENCIA EL ÚNICO CAMINO A LA VERDAD?

También es un error sugerir que la ciencia es *el único camino a la verdad*. Esta idea, que está muy extendida hoy en día, compone la creencia que recibe el nombre de "cientismo".

Piensa en ello: si la ciencia fuera la única vía hacia la verdad, tendrías que prescindir de la mitad de los departamentos de

---

8. S. Hawking y L. Mlodinow, *The Grand Design*, p. 5 (El *gran* diseño, Editorial Crítica, 2010).

cualquier escuela o universidad: ya de entrada, los de historia, literatura, idiomas, arte y música.

En cierta ocasión Einstein dijo que los científicos son malos filósofos. Siento tener que decir que Hawking, a pesar de que era un científico brillante, evidenció sin duda esa debilidad. El diario *The Guardian* preguntó al Astrónomo Real de Gran Bretaña, el barón Rees de Ludlow, que era amigo de Stephen Hawking, qué pensaba sobre la declaración de Hawking en cuanto a que la creación del universo no necesitó de un Dios. Rees contestó: "Conozco lo bastante bien a Stephen Hawking como para saber que ha leído poca filosofía y aún menos teología, de modo que no creo que haya que conceder demasiado peso a sus conclusiones sobre estos temas".[9] En el obituario de Hawking volvió a expresar la misma opinión.

Lamentablemente, la idea de que la ciencia es el único camino a la verdad a menudo lleva a las personas a creer que "científico" es sinónimo de "racional", es decir, aquello que se adecua a la razón. Esto es claramente falso, porque todas las disciplinas antes mencionadas (historia, literatura y demás) exigen el uso de la razón, como la mayoría de cosas en esta vida. La razón abarca muchísimo más que la ciencia.

Esta ilustración demostrará las limitaciones de la ciencia. Imagina que mi tía Matilda ha horneado un bizcocho, y se lo entregamos a un grupo de los mejores científicos mundiales para que lo analicen. Los bioquímicos nos informarán sobre la estructura de las proteínas, las grasas y otros componentes del bizcocho; los químicos, sobre los elementos contenidos en él; los físicos podrán analizar el bizcocho en términos de las partículas fundamentales; y los matemáticos, qué duda cabe, nos ofrecerán una serie de elegantes ecuaciones para describir el comportamiento de esas partículas.

---

9. *The Guardian*, miércoles 6 de abril de 2011.

Ahora ya sabemos *cómo* se hizo el bizcocho y *de qué* está hecho, pero imagina que ahora preguntamos a los científicos *por qué* se hizo ese bizcocho. La sonrisa en el rostro de tía Matilda evidencia que *ella* sabe la respuesta, porque fue ella quien hizo el bizcocho. Pero sin duda es evidente por sí mismo que los mejores científicos del mundo no serán capaces de decirnos, basándose en sus investigaciones, por qué ella hizo el bizcocho. Nunca lo averiguarán, a menos que ella les revele la respuesta. Las ciencias naturales pueden abordar las preguntas sobre la naturaleza y la estructura del bizcocho, pero no pueden responder "por qué", la pregunta sobre el propósito.[10] La ciencia tiene sus limitaciones.

El ganador del Premio Nobel sir Peter Medawar lo explicó así:

> *La existencia de un límite para la ciencia se ve claro en la incapacidad de esta para responder preguntas elementales e infantiles que tienen que ver con los orígenes y los finales. Preguntas como: "¿cómo empezó todo?". "¿Para qué estamos todos aquí?". "¿Qué sentido tiene vivir?"*[11]

Existen tres argumentos frecuentes y relacionados que a menudo se utilizan contra la creencia en Dios que parecen científicos, racionales y lógicos pero que, en realidad, no lo son ni por asomo.

LA CREENCIA EN DIOS ES UNA DELUSIÓN

Este es el argumento que expone el libro de Richard Dawkins *El espejismo de Dios*. Y va incluso más lejos, diciendo que es una delusión que resulta peligrosa y perjudicial para las vidas de las personas.

---

10. Normalmente se piensa que los "por qué" relacionados con la función, a diferencia de los relacionados con el propósito, caen dentro del ámbito de la ciencia.

11. Sir Peter Medawar, *Advice to a Young Scientist*, p. 31 (*Consejos a un joven científico*, Editorial Crítica, 2011).

El concepto "delusión" está sacado de la psiquiatría. Significa una creencia falsa y persistente que se sostiene incluso frente a contundentes evidencias contra ella. Quiero darle la vuelta a esta afirmación y sugerir que lo que se corresponde mejor con esta definición es en realidad el ateísmo de Dawkins.

Dado que Dawkins no es psiquiatra, su declaración de que Dios es una delusión escapa al ámbito de sus conocimientos especializados. En su calidad de científico, le habría resultado más aconsejable comprobar lo que tienen que decir los expertos en ese campo. Dado que yo tampoco soy psiquiatra, realicé algunas investigaciones para ver si los expertos respaldaban lo que afirmaba Dawkins.

Descubrí que no lo hacen.

El profesor Andrew Sims, ex presidente de la Royal Society of Psychiatrists, escribe: "El efecto ventajoso de la fe religiosa y de la espiritualidad es uno de los secretos mejor guardados de la psiquiatría y de la medicina en general".[12] Si las conclusiones del enorme volumen de estudios sobre este tema hubieran apuntado en la dirección opuesta, y se hubiera descubierto que la religión perjudica tu salud mental, la noticia habría aparecido en la primera plana de todos los periódicos del país.

Además, Sims nos dice que una encuesta especializada del *American Journal of Public Health* señala que en la mayoría de estudios sobre este campo la afiliación a una religión se correlaciona poderosamente con el bienestar, la felicidad, la satisfacción en la vida, la esperanza y el optimismo, el propósito y el sentido de la vida, un aumento de la autoestima, una mejor adaptación al duelo, un mayor respaldo social, menos sensación de soledad, un menor grado de depresión, y un índice más acelerado de recuperación de la depresión,

---

12. Andrew Sims, *Is Faith Delusion?* (Continuum Books, 200), p. xi.

por mencionar solo unos pocos beneficios. Pero si buscamos en las obras de Hawking alguna referencia a este amplísimo volumen de investigaciones, no la encontraremos.

Da la sensación de que es Dawkins quien nos puede estar engañando. Afirma usar la ciencia para defender su tesis, pero es evidente que no sabe que la ciencia no le respalda, porque no ha prestado suficiente atención a lo que ella dice. No ha investigado tan bien como debería.

Y hasta aquí el "perjuicio" que produce la creencia en Dios. En capítulos posteriores abordaremos las evidencias de la realidad de Dios, y en ellos sugeriré que lo que es una delusión es el ateísmo, dado que es una creencia persistente que se mantiene a pesar de contundentes evidencias en contrario.

LA OBJECIÓN DE FREUD

Quizá sepas que la persona con la que más se asocia la idea de que Dios es un espejismo es Sigmund Freud. En su obra superventas *Dios: una breve historia del Eterno*,[13] el psiquiatra alemán Manfred Lütz señala que la explicación que da Freud para la creencia en Dios funciona muy bien *siempre y cuando Dios no exista*. Sin embargo, sigue diciendo que, según la misma regla de tres, *si Dios no existe* el mismísimo argumento freudiano te demostrará que el verdadero espejismo consolador es el ateísmo; es una huida para no tener que enfrentar la realidad, una proyección del deseo de no tener que estar un día delante de Dios y darle cuentas de tu vida.

El marxismo adoptó esta idea freudiana de que la religión era el opio del pueblo. Pero quienes experimentaron las represiones de la vida en estados marxistas totalitarios

---

13. *Gott: Eine kleine Geschichte des Groessten* (Múnich, Pattloch, 2007).

entendieron la otra cara del argumento. Czeslaw Miłosz, un polaco ganador del Premio Nobel de literatura, escribió:

> *El verdadero opio del pueblo es la creencia en que no hay nada después tras la muerte… el inmenso consuelo que supone pensar que nadie nos va a juzgar por nuestras traiciones, nuestra codicia, nuestra cobardía, nuestros asesinatos.*[14]

Si Dios existe, entonces, según Freud, el ateísmo se puede entender como un mecanismo psicológico de huida mediante el cual eludimos aceptar la responsabilidad moral última de nuestras propias vidas. Lo que Freud no hace, claramente, es responder a la pregunta de si Dios existe o no.

Permíteme que ilustre la manera en que este argumento es un arma de doble filo. En una entrevista para *The Guardian*, Stephen Hawking dijo: "La religión… es un cuento de hadas para las personas que tienen miedo a la oscuridad",[15] siendo esta una respuesta típicamente freudiana. Me pidieron que comentase esa frase. Mi desenfadada (y freudiana) respuesta de una sola línea fue: "El ateísmo es un cuento de hadas para las personas que tienen miedo a la luz". Me encantó que en BBC News citaran ambas frases. Sin embargo, para ser justo, debo señalar que ni la afirmación de Hawking ni la mía eran científicas. Fueron declaraciones *de una creencia*. Que sean ciertas o no es otro asunto, y uno sobre el que Freud, como hemos visto, no tiene nada que decir.

EL RATONCITO PÉREZ

Un ejemplo inapelable de la manera en que los científicos entienden mal este asunto es la sugerencia de que creer en

---

14. Véase New York Review of Books, goo.gl/yNb94X (consultada el 28 de julio de 2018).
15. goo.gl/b9yfjY (consultada el 23 de octubre de 2018).

Dios es como creer en Papá Noel, el pastafarismo o el Ratoncito Pérez. Me he encontrado con esta acusación en diversos entornos públicos. En cierta ocasión, durante un concurrido debate universitario, un científico me desafió usando este argumento. Para resolver el* tema, pedí a los presentes que levantasen la mano todos aquellos que habían llegado a creer en Papá Noel siendo adultos. Nadie levantó la mano, pero cientos de ellos lo hicieron cuando pedí que la alzasen todos los que habían llegado a creer en Dios siendo adultos.

Meter a Dios en la misma categoría que Papá Noel no tiene sentido. Después de todo, a lo largo de toda la historia, algunas de las mentes más preclaras se han dedicado a reflexionar sobre Dios. Con Papá Noel no han hecho lo mismo. Puede que este argumento provoque el aplauso o las risas de un público que simpatiza con el tema, pero es sencillamente lo que los filósofos llaman un error de categoría.

Volvamos ahora a nuestra pregunta sobre Newton y Hawking.

¿TENEMOS QUE ELEGIR?

¿Por qué pensaba Stephen Hawking que teníamos que elegir entre la ciencia y Dios, mientras que sir Isaac Newton no lo creía así?

Creo que hay dos motivos principales: la confusión sobre la naturaleza de Dios y la confusión sobre la naturaleza de la explicación científica.

---

* El pastafarismo o pastafarianismo fue creado por Bobby Henderson, licenciado en Física por la Universidad Estatal de Oregón, como protesta social cuando en 2004 el Consejo de Educación del Estado de Kansas propusiera que en los centros educativos se dedicara el mismo tiempo lectivo a enseñar la evolución biológica y al diseño inteligente. Henderson creó una imagen paródica de un creador inteligente con forma de enorme bola de espagueti con albóndigas. De ahí el nombre: "pasta" más "rastafarismo". (N. del T.)

1. La confusión sobre la naturaleza de Dios

Yo solía dar por hecho que, cuando hablaba de Dios, la gente pensaba que me refería al Dios de la Biblia: el Creador y Sustentador del universo, personal e inteligente. Sin embargo, me he dado cuenta de que muchas personas creen que con el sustantivo "Dios" me refiero al "dios de las lagunas", un dios que inventamos para explicar las lagunas en nuestro entendimiento: "no puedo explicarlo; así que lo hizo Dios". Ese es el tipo de dios en el que creían los antiguos griegos. Los griegos no comprendían el rayo, de modo que para explicarlo inventaron a un dios de los rayos. Sin embargo, aprender un poquito de física atmosférica en cualquier universidad moderna te demuestra enseguida que la creencia en un dios así es innecesaria. Pero hoy día hay una idea muy extendida que dice que el Dios de la Biblia es precisamente un "dios de las lagunas", que va desapareciendo poco a poco a medida que progresa la ciencia, como la sonrisa del proverbial gato de Cheshire.

Lo importante que debemos entender es esto: si *defines* a Dios como un dios de las lagunas (un remedio provisional, una "x" que representa temporalmente algo que la ciencia aún no ha explicado), por supuesto que tendrás que escoger entre la ciencia y Dios, *porque esa es la manera en que has definido a Dios.* Pero al hacer esto no piensas en el Dios de la Biblia. Este es otro grave error de categoría.

Werner Jaeger, experto mundial en las religiones antiguas del Oriente Próximo, nos dice que los dioses del mundo antiguo tenían una cosa en común: se explicaba su origen diciendo que eran "descendientes de los cielos y la tierra". Eran productos del caos primigenio formado por masa y energía, y por consiguiente eran, esencialmente, dioses *materiales*. Jaeger escribía que, por el contrario, el Dios de la

Biblia, el Dios hebreo, se describe como quien *crea* los cielos y la tierra; no desciende de ellos. El Dios de la Biblia no es un dios de las lagunas; es el Dios de todas las cosas. Es el Dios tanto de las facetas del universo que no entendemos como de las que sí. Cabe observar que Génesis no empieza con la afirmación *En el principio Dios creó las facetas del universo que todavía no entendemos.*

Resulta muy superficial creer que el progresivo entendimiento científico expulsa a Dios del universo. Cuando Newton descubrió la ley de la gravedad, no dijo: "Ahora que tenemos una ley de la gravedad, no necesitamos a Dios". Lo que hizo fue escribir un libro titulado *Principios matemáticos*, quizá la obra más famosa en toda la historia de la ciencia. Y en ella expresó la esperanza de que sus cálculos y sus observaciones persuadieran a las personas reflexivas a creer en una deidad.

Para la mayoría de la gente normal y corriente es cierto que cuanto mejor entienden un artefacto hermoso o complejo, más admiran la mente de la persona que lo creó. Cuanto más entiendan de pintura, más admirarán el genio de Rembrandt, no menos. Cuanto más entiendan de ingeniería, más podrán admirar el genio de Rolls o de Royce. Y cuanto más entendía Newton el modo en que funcionaba el universo, más admiraba el genio del Dios que lo hacía funcionar de esa manera.

Aquí la idea clave es que *la ciencia no compite con Dios en calidad de explicación*. La ciencia ofrece *un tipo de explicación distinto*. Esto nos lleva a pensar en el siguiente defecto en el pensamiento de Hawking:

2. La confusión sobre la naturaleza de la explicación científica

Newton y Hawking sentían el mismo interés por la gravedad. Newton formuló la ley de la gravedad, y Hawking realizó investigaciones cruciales sobre la gravedad y los agujeros negros. Pero existe una notable diferencia entre ellos: como vimos, Newton consideraba la ley de la gravedad como una de las evidencias de la genialidad de Dios cuando diseñó el universo, mientras que Hawking presentaba la gravedad como su motivo principal para *negar* la existencia de Dios.

Muchas personas dan por hecho que el motivo de este cambio de actitud es que han pasado más de trescientos años desde que Newton realizó sus descubrimientos, y que en ese lapso la ciencia ha progresado tanto que la creencia en Dios se ha vuelto inconcebible. Pero no creo que esto sea cierto. El rechazo de Dios por parte de Hawking debido a la ley de la gravedad y, de hecho, el rechazo por parte de Dawkins y muchos otros, se debe en cambio a las malas interpretaciones de la naturaleza de lo que es una explicación.

¿QUÉ EXPLICA LA CIENCIA?

Nuestra ilustración de "tía Matilda y el bizcocho" demuestra que el cientifismo (la creencia en que la ciencia puede, al menos en principio, explicarlo todo) es falso. Vamos a formular una pregunta más precisa: "¿Qué explica exactamente la ciencia?". Por ejemplo, ya que hemos estado pensando en la gravedad, preguntemos: ¿Qué explica la ley de la gravedad? Sin duda me dirás que es evidente; la ley de la gravedad explica la gravedad. Pues a lo mejor te sorprende descubrir que, en realidad, no es así.

Me gustaba mucho enseñar a mis alumnos cómo la ley de la gravedad nos ofrece un recurso matemático brillante para calcular el efecto de la gravedad, de modo que podemos dilucidar la velocidad que debe alcanzar un cohete para escapar del campo gravitacional terráqueo, o podemos hacer los cálculos que envían una sonda espacial a Marte. Pero la ley de la gravedad *no nos dice lo que es realmente la gravedad,* solo cómo funciona. Newton entendía esta diferencia, y así lo dijo.

Es decir, que la ley de la gravedad no nos proporciona una explicación exhaustiva de la gravedad. Esto es lo que suele pasar con la ciencia: incluso dentro de su propio ámbito, una explicación científica raras veces está completa. El filósofo Ludwig Wittgenstein se refería a esto cuando escribió:

> *En la base de la visión moderna del mundo se encuentra el espejismo que dice que las llamadas "leyes naturales" son explicaciones de los fenómenos naturales… el sistema moderno hace que parezca que todo ha sido explicado.*[16]

Lo cierto es que las leyes naturales *describen* el universo, pero en realidad no *explican* nada. Haremos una pausa para reflexionar que, desde la perspectiva de la ciencia, la propia existencia de las leyes naturales es un misterio en sí mismo. Richard Feynman, Premio Nobel en Física, escribe:

> *El hecho de que existan reglas que debemos comprobar es una especie de milagro; que sea posible encontrar una regla, como la ley de la gravedad de la inversa del cuadrado, es un tipo de milagro. No la entendemos en absoluto, pero nos lleva a la posibilidad de predecir; es decir, que nos dice qué podemos esperar que suceda en un experimento que aún no hemos realizado.*[17]

El mero hecho de que esas leyes puedan formularse matemáticamente fue un motivo constante de asombro para Einstein,

---

16. *Tractatus Logico-Philosophicus*, p. 87 (*Tractatus Logico-philosophicus*, Ediciones Altaya, 1994).
17. *The Meaning of it all*, p. 23 (*Qué significa todo eso: reflexiones de un científico ciudadano*, Editorial Crítica, 2010).

y en su opinión señalaban más allá del universo físico a algún espíritu "inmensamente superior al de los hombres".[18]

LA EXPLICACIÓN RACIONAL

Lo siguiente que debemos tener en cuenta es que la explicación científica de algo no es necesariamente *la única* explicación racional posible. Puede haber múltiples explicaciones que sean igualmente ciertas al mismo tiempo.

Supón que preguntas: "¿Por qué hierve este agua?". Yo podría responder que la energía calórica de la llama de gas se transmite por la base de cobre de la tetera y agita las moléculas del agua hasta el punto de que esta hierve. También podría decir que el agua hierve porque quiero tomarme una taza de té. De inmediato vemos que ambas explicaciones son igual de racionales, las dos tienen sentido, pero son muy diferentes. La primera es científica y la segunda es personal, que involucra mis intenciones, mi voluntad y mi deseo. Lo que es también evidente es que las dos explicaciones no entran en conflicto y ni siquiera compiten; se complementan.

Lo que es más, ambas son necesarias para obtener una explicación completa de lo que sucede. Además, la explicación en términos del agente personal es, podríamos decir, más importante: la gente llevaba milenios disfrutando del té antes de saber nada de la termodinámica. Aristóteles señaló todo esto hace siglos, cuando distinguió entre una causa material (la tetera, el agua, el gas, etc.) y la causa final (mi deseo de tomar una bebida estimulante).

---

18. Respuesta de Einstein a la carta de una niña que en 1936 le preguntó: "¿Oran los científicos?". En la misma carta, Einstein también dijo: "Todo aquel que participe seriamente de la investigación científica está convencido de que en las leyes del universo se manifiesta un espíritu, que es inmensamente superior al del ser humano, y frente al cual nosotros, con nuestras modestas capacidades, debemos sentirnos humildes". goo.gl/m9Shk2 (consultada el 25 de julio de 2018).

De igual manera, para explicar un motor de automóvil, podríamos mencionar la física de la combustión interna o podríamos hablar de Henry Ford. Ambas son explicaciones racionales, y ambas son necesarias para obtener una explicación definitiva. Si ampliamos esta ilustración hasta las dimensiones del cosmos, podríamos decir que Dios no compite con la ciencia como explicación del universo, de la misma manera que Henry Ford no compite con la ciencia para explicar el motor del automóvil. Dios es una explicación Agente-Creador del universo; no es una explicación *científica*. A Aristóteles, si estuviera vivo hoy, le sorprendería descubrir cuántas personas son, aparentemente, incapaces de detectar esta diferencia. Después de todo, citando una magnífica analogía que utilizó la novelista Dorothy Sayers:

> *La misma docena de tonos es materialmente suficiente para explicar la Sonata Luz de Luna de Beethoven y el ruido que hace el gato cuando se pasea sobre el teclado. Pero lo que hace el gato ni demuestra ni niega la existencia de Beethoven.*[19]

Stephen Hawking afirmó que Dios no es *necesario* para explicar por qué existe el universo, por qué hay algo en lugar de nada. Él creía que la ciencia puede darnos la respuesta. Escribió:

> *Dado que existe una ley como la de la gravedad, el universo puede crearse y se creará a sí mismo partiendo de la nada.*[20]

Esta afirmación *parece* científica, y no cabe duda de que la escribió un científico, pero no solo *no* es científica, sino

---

19. Dorothy Sayers, "The Lost Tools of Learning", en Ryan N. S. Topping (ed.), *Renewing the Mind* (Catholic University of America Press, 2015), p. 230.

20. Stephen Hawking y Leonard Mlodinow, *The Grand Design*, p. 180 (El *gran diseño*, Editorial Crítica, 2010).

que ni siquiera es *racional*, tal como demostrará un poco de lógica rudimentaria.

El primer error: *la contradicción inherente*

Fijémonos cuidadosamente en lo que dice Hawking: "Dado que existe una ley como la de la gravedad…" (es decir, dado que existe algo) "el universo… se creará a sí mismo partiendo de la nada". Hawking da por hecho que existe la ley de la gravedad. Esto no es "nada", de modo que cae en una flagrante contradicción.

El segundo error: *las leyes no crean*

Fíjate bien en lo que dice Hawking: "Dado que existe una ley como la de la gravedad…" La primera vez que leí esto pensé: "Supongo que lo que quiere decir es «Dado que existe la gravedad…»". Porque, ¿qué sentido tendría una ley de la gravedad si no hubiese una gravedad que describir? Lo que es más, no solo es que los científicos no pusieran el universo donde se encuentra, es que eso tampoco lo hicieron la ciencia ni las leyes de la física matemática. Sin embargo, Hawking parece pensar que podrían haberlo hecho perfectamente. En su libro *Breve historia del tiempo* sugirió que una teoría bien podría dotar de existencia al universo:

> *El proceder habitual de la ciencia, que consiste en construir un modelo matemático, no puede responder a las preguntas de por qué debería existir un universo para que el modelo pueda describirlo. ¿Por qué iba a tomarse el universo la molestia de existir? ¿Acaso la teoría unificada es tan atractiva que induce su propia existencia? ¿O acaso necesita un creador y, si es así, tiene este algún otro efecto sobre el universo?[21]*

---

21. Stephen Hawking, *A Brief Story of Time*, p. 124 (*Brevísima historia del tiempo*, Editorial Crítica, 2005).

Es posible que el concepto de una *teoría* o una *ley física* que induce la existencia del universo suene impresionante, pero en realidad no tiene ningún sentido. Vimos antes que la ley de la gravedad de Newton no explica la gravedad. Además, es evidente que no *crea* la gravedad. De hecho, las leyes de la física no solo son incapaces de crear nada; no pueden hacer que suceda *nada*. Las famosas leyes newtonianas del movimiento nunca indujeron a una sola bola de billar a desplazarse por la mesa; eso solo se puede conseguir cuando una persona utiliza un taco. Las leyes nos permiten analizar el movimiento y describir la trayectoria del movimiento futuro de la bola (siempre que no haya interferencias externas),[22] pero son incapaces de mover la bola, y mucho menos crearla a partir de la nada.

Sin embargo, el famoso físico Paul Davies parece estar de acuerdo con Hawking:

Al hablar del origen del universo o de la vida no hay necesidad de invocar nada sobrenatural. Nunca me ha gustado la idea de la intervención divina; para mí resulta mucho más inspirador creer que un conjunto de leyes matemáticas puede ser lo bastante inteligente como para hacer que existan todas esas cosas.[23]

Fijémonos, de paso, en el lenguaje no científico de esta afirmación: "Nunca me ha gustado... resulta más inspirador creer...". No obstante, en el mundo real en el que vivimos la ley más sencilla de la aritmética (1 + 1 = 2) nunca creó nada por sí sola. No cabe duda de que nunca ha ingresado dinero en la cuenta corriente de nadie. Si primero ingresas 100 libras en el banco, y más adelante ingresas 100 más,

---

22. Soy muy consciente de que las consideraciones caóticas (la sensibilidad a las condiciones iniciales) solo permitieron predecir los primeros rebotes de la bola.
23. Véase Clive Cookson, "Scientists who glimpsed God", *Financial Times*, 29 de abril de 1995, p. 50.

las leyes de la aritmética explicarán racionalmente cómo es que ahora cuentas con 200 libras en el banco. Pero si nunca metieras dinero en el banco y dejases que simplemente las leyes de la aritmética creasen el dinero, acabarías en la ruina absoluta. Las leyes de la aritmética no son "inteligentes" en el sentido de que pueden crear algo. Solo se pueden aplicar a las cosas que ya existen.

C. S. Lewis entendió esto hace mucho tiempo. Hablando de las leyes de la naturaleza, escribió:

> *No producen sucesos: afirman el patrón al que todo suceso... debe adaptarse, igual que las reglas de la aritmética afirman el patrón al que deben adaptarse todas las transacciones con dinero, si uno consigue tenerlo... Porque toda ley, en última instancia, dice: "Si tienes A, tendrás B". Pero primero debes conseguir A; las leyes no lo harán por ti.[24]*

Un mundo en el que las leyes matemáticas inteligentes, por sí solas, dotan de existencia al universo y crean vida es pura ficción (científica). Las teorías y las leyes no pueden hacer que exista materia, energía o lo que sea. La idea de que, a pesar de ello y de alguna manera, tienen esa capacidad parece un refugio bastante desesperado (y es difícil entender qué otra cosa podría ser si no un refugio) frente a la posibilidad alternativa que surge en la pregunta de Hawking antes citada: "¿O acaso necesita un creador?"

El tercer error: *la autocreación es incoherente*

Por último, la declaración de Hawking que dice que "el universo puede crearse y se creará a sí mismo partiendo de la nada" no tiene sentido. Si digo "X crea a Y", esto presupone

---

24. C. S. Lewis *Miracles*, p. 63 (*Los milagros*, Ediciones Encuentro, 2017).

la existencia de X en primer lugar, para que pueda generar la existencia de Y. Si digo "X crea a X", presupongo la existencia de X para explicar la existencia de X. Presuponer la existencia del universo para explicar su existencia es incoherente desde el punto de vista de la lógica.

Lo que demuestra esto, sencillamente, es que una afirmación sin sentido sigue siéndolo incluso cuando la escribe un científico de renombre mundial.

Hawking ha fracasado claramente en responder a la pregunta central: "¿Por qué existe algo en vez de nada?". Dice que la existencia de la gravedad supone que la creación del universo fue inevitable. Pero, ¿cómo llegó a existir la gravedad? ¿Cuál fue la fuerza creativa detrás de su nacimiento? ¿Quién la puso ahí, con todas sus propiedades y su potencial para la descripción matemática? De igual manera, cuando Hawking arguye, en apoyo de su teoría de la creación espontánea, que solo era necesario que se encendiera "la mecha" "para poner en marcha el universo", me siento tentado a preguntar: ¿de dónde salió esa mecha? Si fue lo que puso en marcha el universo, es evidente que no forma parte de él, ¿no? Entonces, ¿quién la encendió, sino Dios?

Allan Sandage, considerado generalmente como el padre de la astronomía moderna, que fue el descubridor de los cuásares y que obtuvo el Premio Crafoord, que dentro del ámbito de la astronomía equivale al Premio Nobel, no tiene dudas respecto a su respuesta:

> *Me resulta bastante improbable que semejante orden surgiese del caos. Debe existir algún principio organizador. Para mí, Dios es un misterio, pero es la explicación del milagro de la existencia, de por qué existe algo en lugar de nada.*[25]

---

25. *New York Times*, 12 de marzo de 1991, p. B9.

Los científicos ateos, intentado eludir la evidencia clara de una inteligencia divina subyacente en la naturaleza, se ven obligados a atribuir poderes creativos a candidatos cada vez menos creíbles, como la masa/energía y las leyes naturales. El ateísmo, sencillamente, no da la talla.

¿QUIÉN CREÓ AL CREADOR?

Más o menos a estas alturas del debate es cuando alguien pregunta: "Si crees que Dios creó el universo, es lógico preguntarse quién creó a Dios, ¿no? ¿No hace esto que creer en Dios sea bastante absurdo?". En *El espejismo de Dios*, Dawkins utiliza este argumento, bajo la forma que veremos a continuación, como uno de sus motivos principales para rechazar a Dios:

> *No se puede recurrir a un Dios diseñador para explicar la complejidad organizada, porque cualquier Dios capaz de diseñar cualquier cosa debería ser lo bastante complejo como para exigir el mismo tipo de explicación.*[26]

Esto viene a ser un poco como decir: "No podemos recurrir a Richard Dawkins para explicar la complejidad organizada de su libro, *El espejismo de Dios*, porque cualquier cosa capaz de redactarlo debería ser lo bastante compleja como para exigir el mismo tipo de explicación".

De cualquier manera, si formulas la pregunta de qué o quién creó a Dios, debes tener claro lo que estás asumiendo. ¿No es cierto que asumes que Dios fue creado? Pero, ¿y si no lo fue? Entonces tu pregunta es irrelevante. Y eso es un problema grave, dado que la Biblia describe a Dios como un ser que es eterno e increado. Por lo tanto, tu pregunta ni siquiera es aplicable a él, y mucho menos amenaza su existencia

---

26. Richard Dawkins, *The God Delusion*, p. 136 (*El espejismo de Dios*, Espasa Libros, 2007).

ni la fe de quienes creen en él. Sospecho que si el libro de Richard Dawkins se hubiera titulado *El espejismo de los dioses creados* nadie lo habría comprado. Y es que todo el mundo se da cuenta de que los dioses creados (a los que habitualmente llamamos ídolos) son un espejismo; es un punto sobre el que toda la tradición cristiana estaría entusiásticamente de acuerdo con él.

No cabe duda de que el argumento de Dawkins se aplica a las cosas creadas, pero se queda corto, porque puede aplicarse a su propia concepción del universo. Si él insiste en que Dios no es una explicación (porque uno debe preguntar "¿Quién creó a Dios?"), entonces, por la misma regla de tres, todo motivo que él nos dé para el universo no es una explicación, a menos que pueda decir qué lo indujo a existir. Por consiguiente, en un debate público le formulé esta pregunta:

> Usted cree que el universo le creó, pero, ¿quién creó a su creador?

Llevo más de diez años esperando una respuesta a esta pregunta. Hasta ahora no la he recibido.

3
Desmontando mitos (I): la religión depende de la fe, la ciencia no

A menudo me dicen que el problema de los que creen en Dios es precisamente ese: *que son creyentes*. Es decir, que son personas de fe. La ciencia es muy superior porque no requiere fe. Suena genial. El problema es que no podría ser más incorrecto.

Deja que te cuente un encuentro que tuve con Peter Singer, un ético famoso en todo el mundo, de la Universidad de Princeton, en Estados Unidos. Singer es ateo, y celebré un debate con él en su ciudad natal de Melbourne, Australia, sobre el tema de la existencia de Dios. En mis comentarios introductorios dije al público lo que ya he dicho antes: que crecí en Irlanda del Norte y que mis padres eran cristianos.

La reacción de Singer fue decir que ese era un ejemplo de una de sus objeciones a la religión: que las personas tienden a heredar la fe en la que se criaron. Para él, la religión es simplemente una cuestión de herencia y de entorno, no de verdad. Le dije: "Peter, permita que le pregunte: ¿sus padres eran ateos?"

—Mi madre era atea, sin duda. Mi padre era más bien agnóstico —contestó.

—De modo que usted perpetúa la fe de sus padres, igual que yo —dije.

—Bajo mi punto de vista, no es fe —dijo.

—Pues claro que es fe... ¿no es lo que cree? —repuse.

El público prorrumpió en carcajadas.

Y no solo eso, sino que, como descubrí más adelante, el ciberespacio se vio invadido por estas preguntas: "¿Es que Peter Singer, famoso filósofo, no se da cuenta de que su ateísmo es un sistema de creencias? ¿Nunca ha oído hablar de personas como el cosmólogo Allan Sandage, que se vieron convencidos por la evidencia de la existencia de Dios y se convirtieron al cristianismo en un momento posterior de su vida?"

¿QUÉ ES LA FE?

Muchos ateos destacados comparten la confusión de Singer respecto a la fe y, como resultado de ello, hacen afirmaciones igual de absurdas. "Los ateos no tienen fe",[27] dice Richard Dawkins, pero sin embargo su obra *El espejismo de Dios* habla de todo aquello en lo que él cree: su filosofía atea del naturalismo, en la que tiene gran fe. Dawkins, como Singer, piensa que la fe es un concepto religioso que significa "creer cuando sabes que no existen evidencias". Ambos están muy equivocados. La fe es un concepto cotidiano, y al usarlo como tal con frecuencia descubren sus propias cartas.

Según el *Oxford English Dictionary*, la palabra "fe" procede del latín *fides*, que significa lealtad o confianza. Y, si

---

27. *The God Delusion*, p. 51.

tenemos la cabeza en su sitio, normalmente no nos fiamos de hechos o de personas sin tener evidencias. Después de todo, la toma de *decisiones* bien motivadas, basadas en la evidencia, es el modo en que suele ejercerse la fe; piensa en cómo consigues que el director de tu banco se fíe de ti o en qué basas tu decisión de subirte a un autobús o a un avión.

Creer cuando no hay evidencias es lo que suele llamarse "fe ciega", y sin duda en todas las religiones encontrarás adeptos que creen ciegamente. La fe ciega puede ser muy peligrosa; piensa en el 11-S. No puedo hablar de otras religiones, pero la fe que se espera de parte de los cristianos no es, ni mucho menos, ciega. De no ser así, yo no sentiría ningún interés por ella.

El escritor de un Evangelio, Juan, dice:

> *Hizo además Jesús muchas otras señales en presencia de sus discípulos, las cuales no están escritas en este libro. Pero estas se han escrito para que creáis que Jesús es el Cristo, el Hijo de Dios, y para que creyendo, tengáis vida en su nombre.*
>
> JUAN 20:30-31

Juan nos dice que su relato de la vida de Jesús contiene la plasmación de la evidencia que vieron testigos oculares, sobre la cual puede basarse la fe en Cristo. De hecho, se puede defender con firmeza que buena parte del material en los Evangelios se basa en el testimonio de testigos presenciales.[28]

¿TIENEN FE LOS ATEOS?

Esta confusión sobre la naturaleza de la fe conduce a muchas personas a otro error grave: pensar que el ateísmo y la ciencia excluyen la fe. Sin embargo, lo irónico del caso es que el

---

28. Véase R. Bauckham, *Jesus and the Eyewitnesses* (Eerdmans, 2017).

ateísmo es un sistema de creencias, y que la ciencia no puede existir sin fe.

El físico Paul Davies dice que la actitud científica correcta es esencialmente teológica: "La ciencia solo puede avanzar si el científico adopta una cosmovisión esencialmente teológica". Señala que "hasta el científico más ateo acepta *como acto de fe* [cursivas mías] la existencia de un orden en la naturaleza semejante a una ley, que es al menos parcialmente comprensible para nosotros".[29] Albert Einstein hizo un comentario famoso:

> *La ciencia solo la pueden crear aquellos que están plenamente imbuidos de la aspiración hacia la verdad y el entendimiento. Sin embargo, esta fuente de sentimiento nace de la esfera de la religión. Aquí encaja también la fe en la posibilidad de que las regulaciones válidas para el mundo de la existencia son racionales, es decir, comprensibles para la razón. **No puedo concebir a un hombre de ciencia genuino que no tenga una fe profunda** [negritas mías]. Podemos expresar esta situación con la siguiente imagen: la ciencia sin la religión está coja, y la religión sin la ciencia está ciega.*[30]

Es evidente que Einstein no comparte el engaño de Dawkins, quien dice que toda la fe es fe ciega. Einstein habla de la "fe profunda" que tiene el científico en la inteligibilidad racional del universo. No podía concebir a un científico sin ella. Por ejemplo, los científicos creen (= tienen fe) que existen los electrones y que la teoría de la relatividad de Einstein se sostiene porque ambas conclusiones están

---

29. Conferencia Templeton Prize, 1995, goo.gl/bXag3s (consultada el 11 de julio de 2018).
30. www.nature.com/articles/146605a0.pdf (consultada el 23 de octubre de 2018).

respaldadas por evidencias basadas en la observación y en la experimentación.

Mi profesor de mecánica cuántica de Cambridge, el profesor sir John Polkinghorne, escribió: "La física no puede explicar su *fe* [notemos su uso explícito de la palabra] en la inteligibilidad matemática del universo",[31] por la sencilla razón de que uno no puede empezar a estudiar física sin creer en esa inteligibilidad.

Por lo tanto, ¿sobre qué evidencia basan los científicos su fe en la inteligibilidad racional del universo, que les permite hacer ciencia? Lo primero que hemos de destacar es que *la razón humana no creó el universo*. Esta idea es tan evidente que al principio puede parecer absurda; pero, de hecho, tiene una importancia fundamental cuando nos ponemos a evaluar la validez de nuestras facultades cognitivas. No solo no creamos el universo, sino que tampoco creamos nuestra capacidad cognitiva. Podemos desarrollar nuestras facultades racionales mediante el uso, pero no las originamos. ¿Cómo puede ser, entonces, que lo que sucede en nuestras pequeñas cabezas pueda darnos algo aproximado a una imagen certera de la realidad? ¿Cómo puede ser que una ecuación matemática que surgió en la mente de un matemático pueda corresponderse con el funcionamiento del universo?

Fue precisamente esta pregunta la que indujo a Einstein a decir: "Lo más incomprensible del mundo es que es comprensible". De igual modo, un físico ganador del Premio Nobel, Eugene Wigner, escribió en cierta ocasión un ensayo titulado "La irrazonable efectividad de las matemáticas en las ciencias naturales".[32] Pero solo es irrazonable desde el punto de vista ateo. Desde el punto de vista bíblico, encaja

---

31. J. Polkinghorne, *Reason and Reality* (SPCK, 1991), p. 76.
32. *Communications in Pure and Applied Mathematics*, vol. 13, n° 1, febrero de 1960 (John Wiley & Sons).

perfectamente con las afirmaciones: "En el principio era el Verbo… y el Verbo era Dios… Todas las cosas por él fueron hechas" (Jn. 1:1, 3).

En ocasiones, cuando converso con mis colegas científicos, les pregunto:

— ¿Con qué hacéis ciencia?

—Con mi mente —dicen algunos, y otros, que sostienen la idea de que la mente es el cerebro, dicen:

—Con mi cerebro.

—Háblame de tu cerebro. ¿Cómo ha llegado a existir?

—Por medio de unos procesos naturales, irreflexivos y no guiados.

—Entonces, ¿por qué te fías de él? —pregunto—. Si pensaras que tu ordenador es el producto final de unos procesos irreflexivos y no guiados, ¿confiarías en él?   —Ni por casualidad —responden.

—Pues entonces está claro que tienes un problema.

Después de una pausa tensa, a veces me preguntan de dónde he sacado ese argumento, y la respuesta les parece bastante sorprendente: de Charles Darwin. Este escribió:

> *Siempre surge en mí la horrible duda de si las convicciones de la mente humana, que se ha desarrollado partiendo de la mente de los animales inferiores, tienen algún valor o son dignas de confianza.*[33]

Llevando un paso más allá la lógica de este argumento, el físico John Polkinghorne dice que si reduces los sucesos mentales a la física y la química destruyes su significado. ¿Por qué es así?

---

33. Carta a William Graham, 3 de julio de 1881. Proyecto The University of Cambridge Darwin Correspondence, goo.gl/Jfyu9Q (consultada el 28 de junio de 2018).

Entonces el pensamiento queda reemplazado por even-
tos neuronales electroquímicos. Dos de estos eventos no
se pueden confrontar en el discurso racional. No son
ni acertados ni erróneos; sencillamente, suceden. El
mundo del discurso racional desaparece en medio del
parloteo absurdo de las sinapsis activadas. Francamen-
te, esto no puede ser así, y ninguno de nosotros cree que
lo sea.[34]

Polkinghorne es cristiano, pero también hay algunos ateos
muy conocidos que detectan el mismo problema. John Gray
escribe:

El humanismo moderno consiste en la fe de que, por
medio de la ciencia, la humanidad puede conocer la
verdad, y así ser libre. Pero si la teoría de la selección
natural de Darwin es cierta, esto es imposible. La mente
humana sirve al progreso evolutivo, no a la verdad.[35]

Otro destacado filósofo, Thomas Nagel, piensa de la misma
manera. Ha escrito un libro titulado *La mente y el cosmos*,
que lleva el provocativo subtítulo *Por qué la concepción neo-*
darwinista materialista de la naturaleza es, casi con certeza,
falsa. Nagel es un ateo convencido que dice con cierta ho-
nestidad: "No quiero que exista un Dios". Y aun así escribe
lo siguiente:

Pero si lo mental no es en sí mismo meramente físico,
la ciencia física no puede explicarlo del todo. El natu-
ralismo evolutivo implica que no deberíamos tomarnos
en serio ninguna de nuestras convicciones, incluyendo

---

34. *One World: The Interaction of Science and Theology* (SPCK, 1986), p. 92.

35. *Straw Dogs*, p. 26 (*Perros de paja: reflexiones sobre los humanos y otros animales*, Ediciones Paidós Ibérica, 2003).

la imagen científica del mundo de la que depende el propio naturalismo evolutivo.[36]

Es decir, que el naturalismo, y por consiguiente el ateísmo, socava los cimientos de la racionalidad necesaria para construir, entender o creer en cualquier tipo de argumento, y no hablemos ya de uno científico. El ateísmo empieza a sonar como una gran delusión que se contradice a sí misma, "una falsa creencia persistente que se sustenta frente a contundentes evidencias contradictorias".

Por supuesto, rechazo el ateísmo porque creo que el cristianismo es cierto. Pero también lo rechazo porque soy científico. ¿Cómo me iba a impresionar una cosmovisión que socava la propia racionalidad que necesitamos para hacer ciencia? La ciencia y Dios combinan muy bien. Lo que no combina en absoluto es la ciencia y el ateísmo.

LA SENCILLEZ Y LA COMPLEJIDAD

Otra manera de enfocar este tema es pensar de nuevo en las explicaciones. En el ámbito científico a menudo nos enseñan que una explicación válida intenta explicar cosas complejas en términos de cosas más sencillas. Este tipo de explicación se denomina "reduccionista", y ha tenido éxito en numerosas áreas. Un ejemplo es el hecho de que el agua, una molécula compleja, está formada por elementos más sencillos, que son el hidrógeno y el oxígeno.

Sin embargo, el reduccionismo no funciona en todas partes. De hecho, hay un entorno en el que no funciona en absoluto. Toda explicación completa de las palabras impresas en un menú, pongamos, debe involucrar algo mucho más complejo que el papel y la tinta que componen ese menú.

---

36. Thomas Nagel, *Mind and Cosmos*, p. 14 (*La mente y el cosmos: por qué la concepción neo-darwinista materialista de la naturaleza es, casi con certeza falsa* (Biblioteca Nueva, 2014).

Debe involucrar la apabullante complejidad de la mente de la persona que diseñó el menú. Esta explicación la entendemos la mar de bien. Alguien diseñó el menú, por muy automatizados que estén los procesos que condujeron a la fabricación del papel, la elaboración de la tinta y la impresión.

La idea es que cuando vemos algo que conlleva una información semejante al lenguaje, postulamos la participación de una mente.

Ahora entendemos que el ADN es una macromolécula portadora de información. El genoma humano está escrito en un alfabeto químico que consiste solo de cuatro letras; tiene una longitud de más de 3000 millones de letras y encierra el código genético. En este sentido, es la "palabra" más larga jamás descubierta. Si un menú impreso, inteligible, no puede ser el producto de procesos naturales irracionales sino que necesita la intervención de una mente, ¿qué debemos decir del genoma humano? ¿No apunta este con mucha más fuerza hacia su origen en una mente, la mente de Dios?

La filosofía atea parte de la materia/energía (o, actualmente, de "la nada") y afirma que los procesos naturales y las leyes de la naturaleza, vinieran de donde viniesen, crearon a partir de la nada todo lo que existe: el cosmos, la biosfera y la mente humana. Confieso que esta pretensión estira mi racionalidad hasta el punto de ruptura, sobre todo cuando la comparamos con el paradigma bíblico que dice que:

> En el principio era el Verbo... el Verbo era Dios... todas las cosas por él fueron hechas.
>
> JUAN 1:1, 3

Esta cosmovisión cristiana encaja primero con el hecho de que podemos formular leyes naturales y usar el lenguaje de las matemáticas para describirlas. En segundo lugar, combina bien con el descubrimiento de la información genética codificada en el ADN. La ciencia ha revelado que vivimos en un universo basado en palabras, y que hemos obtenido ese conocimiento mediante el razonamiento.

C. S. Lewis hace una poderosa defensa de esta idea:

> *A menos que el razonamiento humano sea válido, ninguna ciencia puede ser verdad... Si en última instancia la realidad no es material, no tener esto en cuenta dentro de nuestro contexto supone pasar por alto el hecho más importante de todos. Sin embargo, no solo se ha olvidado la dimensión sobrenatural, sino que muchos la han expulsado del foro público...*
>
> *Los naturalistas se han dedicado a reflexionar sobre la naturaleza. No han prestado atención al hecho de que al hacerlo estaban pensando. En el mismo momento que uno se da cuenta de que es así, es evidente que el pensamiento no puede ser meramente un suceso natural, y por consiguiente que existe algo diferente a la naturaleza.[37]*

No solo es que la ciencia se equivoca al descartar lo sobrenatural, sino que cualquier acto de la ciencia o cualquier otra actividad racional defiende su existencia. La Biblia nos da un motivo para confiar en la razón; el ateísmo, no. Esto es exactamente lo opuesto a lo que piensa mucha gente.

---

37. C. S. Lewis, Miracles, p. 23 (*Los milagros*, Ediciones Encuentro, 2017).

4
Desmontando mitos (II): la ciencia depende de la razón, y el cristianismo no

La otra cara de la objeción habitual que tratamos en el capítulo anterior es que la ciencia depende de la razón, y la creencia en Dios, no. Esta concepción está tan extendida y es tan errónea como el tema del capítulo anterior. Una vez más, pienso limitarme solo al cristianismo. Está claro que hay religiones que se caracterizan por el anti-intelectualismo. El cristianismo bíblico no lo hace, a pesar de que hay un grupo de sus presuntos seguidores que piensan equivocadamente que sí.

¿QUÉ ES EXACTAMENTE LA CIENCIA?
A lo mejor te has dado cuenta de que hemos estado hablando tranquilamente sobre la ciencia sin decir qué es exactamente. Ahora es el momento de hacerlo. Resulta que la ciencia (sobre todo cuando se involucra la filosofía) no es tan fácil

de definir. Sin embargo, aquí podemos contentarnos con determinadas cosas que todos asociamos con la ciencia.

La palabra "ciencia" no surgió hasta el siglo XIX; antes de eso, se utilizaba la expresión "filosofía natural" para describir lo que hoy en día llamamos "ciencia". Lingüísticamente, "filosofía natural" significa, simplemente, "el amor por el conocimiento de la naturaleza". Por lo tanto, la ciencia es una manera de pensar en el mundo natural y, como todos sabemos gracias al colegio, se asocia con hacer observaciones, buscar explicaciones y hacer experimentos para someterlas a prueba. Tiene una historia muy larga. De hecho, se podría decir que uno de sus primeros practicantes fue Aristóteles, en el siglo III a. C., hace casi 2500 años.[38] Este filósofo fue famoso por sus observaciones sobre los seres vivos, y muchos le consideran el padre de la ciencia de la biología.

Sin embargo, al igual que Platón antes que él, en ocasiones Aristóteles prefería razonar sobre la naturaleza partiendo de principios filosóficos en lugar de utilizar la observación empírica, y de vez en cuando eso le llevaba por el camino equivocado. Por ejemplo, se le atribuye haber pensado que los objetos pesados, cuando se dejaban caer, llegaban al suelo más rápido que los objetos más ligeros. Galileo es famoso por haber puesto esto en duda, y por haber organizado un experimento inteligente para demostrar que Aristóteles se equivocó. Hizo rodar unas esferas por un plano inclinado y descubrió que la distancia recorrida era proporcional solo al cuadrado del tiempo empleado, y en absoluto a sus masas. Su experimento refutó la hipótesis (otro término importante

---

38. Armand Marie Leroi, *The Lagoon — How Aristotle Invented Science* (*La laguna: Cómo Aristóteles inventó la ciencia*, Guadalmazán, 2017).

de la ciencia) de que los objetos caían a distintas velocidades si tenían masas diferentes.

Esto nos recuerda que incluso las personas muy brillantes, como Aristóteles, no siempre entienden bien las cosas. También nos dice que la ciencia es *un esfuerzo humano progresivo*. Su éxito acumulativo, aunque en ocasiones avanza a trompicones, es realmente impresionante.

EL MÉTODO CIENTÍFICO

Ahora bien, buscar explicaciones y ponerlas a prueba no es una manera de pensar que esté limitada a las ciencias. Es una forma de pensar que todos usamos durante buena parte del tiempo. Supongamos que nos interesa comprar una bicicleta nueva. Primero observamos muchas de ellas por la carretera, en revistas y en internet. Comparamos precios. Algunas son muy caras, e intentamos descubrir qué justifica ese precio elevado: quizá el cuadro está hecho de titanio, o la bicicleta lleva incorporados componentes de alta tecnología. Si seguimos investigando descubriremos cosas que quizá al principio pasamos por alto. Fijamos nuestras ideas en unas pocas posibilidades y luego probamos las bicicletas escogidas para ver si están a la altura de nuestras expectativas. Después de todo esto, desembolsamos nuestro precioso dinero y pedaleamos felices hacia la puesta de sol.

Lo que hemos hecho es un proceso racional de sentido común, pero, sin embargo, es justo lo que hacen los científicos la mayor parte del tiempo. La idea es que el pensamiento científico es (o debería ser) racional, pero el pensamiento racional no está confinado a las ciencias, ni mucho menos.

Lo que ahora sorprenderá a algunos de mis lectores (aunque no debería) es el hecho de que este tipo de pensamiento se encuentra *por todas partes* en la Biblia. Cuando le preguntaron a Jesús cuáles eran los mandamientos más importantes, dijo que el primero era "amarás al Señor tu Dios con todo tu corazón, y con toda tu alma, y con toda tu mente y con todas tus fuerzas" (Mr. 12:30). Fijémonos que en esta lista se incluye "mente". Dios no se opone a la razón. Nos exhorta todo lo posible a que utilicemos nuestras mentes; y a que no las usemos para pensar en él, sino también en el mundo natural en el que vivimos. En el dintel del famoso Laboratorio de Física Cavendish, en Cambridge, sir James Clerk Maxwell hizo que grabasen las palabras del salmo 111:

Grandes son las obras de Jehová, buscadas de todos los que las quieren.

SALMOS 111:2

Este ejemplo de antigua poesía hebrea es un mandamiento claro de hacer ciencia: complacerse en la naturaleza, formular preguntas sobre ella e intentar descubrir su funcionamiento.

En otro antiguo libro de la Biblia, Job, encontramos un capítulo entero en el que Dios reprende a Job con bastante dureza porque este no tiene muchos conocimientos científicos. Veamos una muestra:

Entonces respondió Jehová a Job desde un torbellino, y dijo: ¿Quién es ese que oscurece el consejo con palabras sin sabiduría? Ahora ciñe como varón tus lomos; yo te preguntaré, y tú me contestarás. ¿Dónde estabas tú cuando yo fundaba la tierra? Házmelo saber, si tienes inteligencia. ¿Quién ordenó sus medidas, si lo sabes? ¿O quién extendió sobre ella cordel? ¿Sobre qué están fundadas sus bases? ¿O quién puso su piedra angular, cuando alababan todas las estrellas del alba, y se regocijaban todos los hijos de Dios? ¿Quién encerró con puertas el mar, cuando se derramaba saliéndose de su seno, cuando puse yo nubes por vestidura suya, y por su faja oscuridad, y establecí sobre él mi decreto, le puse

puertas y cerrojo, y dije: Hasta aquí llegarás, y no pasa-
rás adelante, y ahí parará el orgullo de tus olas?

JOB 38:1-11

En el libro de Job encontramos muchos más ejemplos como este. Esos capítulos están llenos de una fascinante serie de preguntas sobre la naturaleza y su funcionamiento, el tipo de preguntas que formulan los científicos. Son preguntas sobre el cosmos: "¿Conoces los decretos de los cielos? ¿Puedes establecer su gobierno en la tierra?". Y preguntas sobre la conducta de los animales: "¿Sabes cuándo paren las cabras montesas? ¿O cuándo nacen los palomos? ¿Puedes numerar los meses que se prolonga la gestación, y conoces el momento en que nace cada uno?".

Las respuestas a estas preguntas conllevan observación y cálculo tanto numérico como de intervalos de tiempo. Esto exige una ciencia auténtica. A esto podemos añadir que en el primer libro de la Biblia, Génesis, vemos cómo Dios ordena a Adán que ponga nombre a los animales (Gn. 2:19). La taxonomía, el nombramiento de las cosas, es una actividad científica básica dentro de una amplia diversidad de campos. El mandamiento de poner nombre a los animales, en un libro donde se nos dice que el propio Dios puso nombre a determinadas cosas, es muy significativo para que entendamos uno de los propósitos por los que existe la humanidad: explorar la Creación y estudiarla, poniendo nombre a sus elementos constitutivos con una sofisticación cada vez mayor. Este es otro mandamiento bíblico para hacer ciencia.

LAS PRUEBAS CONTROLADAS

Una de las cosas con las que nos ha familiarizado mucho la ciencia es la prueba controlada, sobre todo en medicina. A menudo nos ofrecen información estadística diciendo que se ha demostrado que el fármaco X es eficaz para tratar la enfermedad Y. Por lo que sé, la primera prueba de este tipo está registrada en el libro bíblico de Daniel, capítulo 1. Daniel y sus amigos fueron capturados por el rey de Babilonia, Nabucodonosor, durante el asedio de Jerusalén en torno al siglo VI a. C.

Matricularon a los cuatro jóvenes en el equivalente a una universidad estatal, donde serían educados durante tres años como consejeros del rey con todos los gastos pagados. En concreto, se les debía alimentar con lo que comía el propio rey. Daniel se quejó al decano por este motivo; presumiblemente no quería contaminarse con unos alimentos y un vino que, con toda probabilidad, habían sido ofrecidos a deidades paganas en las que Daniel no creía. Le pidió al decano que alimentara a los cuatro amigos con una sencilla dieta vegetariana. El decano se inquietó, e hizo ver a Daniel que si el rey veía un deterioro en la salud y la forma física del propio Daniel y de sus amigos, él, el decano, podría pagarlo con su cabeza. En el relato queda claro que al decano le caía bien Daniel y deseaba ayudarle.

Entonces, Daniel propuso al decano que hiciera una prueba secreta con los cuatro estudiantes durante diez días y luego evaluase el resultado; es decir, Daniel le ofrecía proporcionarle evidencias indiscutibles. El decano estuvo de acuerdo y, después de la prueba, los cuatro tenían un aspecto mucho más saludable que los demás estudiantes. Ahora el decano disponía de la evidencia que necesitaba para conceder la petición de Daniel de forma más permanente.

Este es un ejemplo antiguo muy claro de una toma de decisiones basada en un experimento controlado, y constituye la misma esencia de la ciencia. Que alguien sugiera que la Biblia no sabe nada del tipo de pensamiento involucrado en la ciencia nos dice más sobre esa persona que sobre las Escrituras cristianas.

La prueba científica que sugirió Daniel iba destinada a distinguir entre distintas clases de alimentos naturales, la carne de la mesa del rey y las hortalizas. Pero la Biblia también registra otro incidente que pretendía distinguir *científicamente* entre lo natural y lo sobrenatural. 1 Samuel capítulo 6 nos cuenta cómo los filisteos, que habían arrebatado a los israelitas el arca de la alianza, decidieron devolverla porque la asociaban con las enfermedades que les habían sobrevenido de improviso. Pidieron consejo especializado a sus sacerdotes, quienes dijeron que debían meter el arca (una caja de madera) en un carro uncido a dos vacas que acababan de parir. Debían apartar a los terneros de sus madres y poner el carro en marcha. Si el carro regresaba al territorio de Israel, debían llegar a la conclusión de que ciertamente era Dios, el Dios de Israel, quien les había afligido.

Este razonamiento se basaba en una observación fundamental de la biología animal: que existe un vínculo maternal muy poderoso entre los terneros y sus madres. Los líderes filisteos razonaron que, si las dos vacas abandonaban a sus terneros y tiraban por el camino que *se alejaba de ellos*, avanzando hacia el campamento de Israel, sería un acto contra una fuerza poderosa de la naturaleza y, por consiguiente, en extremo antinatural. Por consiguiente, sería razonable sacar la conclusión de que debía haber intervenido algún poder sobrenatural. Resulta interesante que el texto nos dice que: "Y las vacas se encaminaron por el camino de Bet-semes, y seguían camino recto, andando y bramando, sin apartarse ni a derecha ni a izquierda".[39] Es posible que sus bramidos fueran indicativos de que sentían, en lo más hondo, que las estaban induciendo a hacer algo que contradecía su instinto natural.

---

39. 1 Samuel 6:12.

LO NATURAL Y LO SOBRENATURAL

Ahora bien, algunas personas dicen que una explicación, para ser considerada científica, debe ser *natural* en términos de procesos físicos; por ejemplo, el movimiento de vastas placas tectónicas como explicación de los terremotos. Es decir, que su *definición* de la ciencia incluye especificar que la explicación debe expresarse solamente en términos de procesos naturales.

Si aplicamos esta definición al incidente con las vacas, tendremos que decir que la explicación sobrenatural no es científica. Lo que no debemos decir (pero, a pesar de ello, muchos lo hacen) es que, por consiguiente, no es una explicación racional o verdadera. Es una explicación perfectamente racional. Recuerda que la propia existencia de la razón humana es evidencia de una dimensión sobrenatural.

Lo que ilustra el incidente de las vacas es que, aunque limites la ciencia a las explicaciones naturales, la ciencia aún puede darnos evidencias de lo sobrenatural cuando demuestra que no existe una explicación natural. En otras palabras, hay situaciones en las que no debemos tirar la toalla si no funcionan las explicaciones en términos de procesos naturales; debemos estar dispuestos a seguir la evidencia adonde nos conduzca, aunque eso suponga una dimensión sobrenatural. La ciencia no puede responder a todas las preguntas.

Como ejemplo mucho más reciente de este tipo de pensamiento en la práctica, tomemos el caso de un filósofo, el profesor Antony Flew: una persona atea durante toda su vida que, en un momento ya avanzado de esta, cambió de opinión y llegó a admitir la existencia de Dios. Como motivo para su conversión, después de más de cincuenta años, expuso el hecho de que "la investigación del ADN por parte de los biólogos ha demostrado que, debido a la casi inconcebible complejidad de los procesos que son necesarios para producir la vida, debe haber participado una inteligencia". Y añadió: "Toda mi vida me he guiado por el principio de las palabras de Sócrates recogidas por Platón: «Sigue la evidencia hasta donde te lleve»". ¿Y si a la gente no le gusta? "Bueno, pues es una lástima", respondió Flew.[40]

Flew tenía razón. El principio de seguir la evidencia hasta donde nos conduzca es extremadamente importante. Puede significar que tendremos que superar las explicaciones científicas estrictamente definidas en términos de los procesos naturales, pero no tiene por qué llevarnos más allá de la explicación racional. ¡Puede que incluso nos guíe hasta la explicación correcta![41] Esta actitud supondrá, por supuesto, que rechacemos el paradigma que expresó Richard Lewontin, genetista de Harvard de fama mundial, cuando escribió:

Nuestra disposición a aceptar los postulados científicos que contradicen el sentido común es clave para comprender la verdadera lucha entre la ciencia y lo sobrenatural. Nos ponemos del lado de la ciencia a pesar de la patente necedad de algunos de sus constructos... a pesar de la tolerancia que muestra la comunidad científica por semejantes historias sin fundamento, dado que tenemos un compromiso previo... con el materialismo. No es que los métodos y las instituciones de la ciencia nos induzcan de alguna manera a aceptar una explicación material del mundo fenomenológico, sino que, por el contrario, nuestra adhesión a priori a las causas materiales nos obliga a crear un sistema de investigación y un conjunto de conceptos que produzcan explicaciones materiales, sin que importe lo contrarios a la intuición que sean, lo incomprensibles que resulten para

---

40. Antony Flew, *There is a God* (*Dios existe*, Editorial Trotta, 2012).
41. Véase *God's Undertaker*, p. 34 (*¿Ha enterrado la ciencia a Dios?*, Rialp, 2020).

los no iniciados. Además, ese materialismo es absoluto, porque no podemos permitir que algún dios meta el pie en la puerta.[42]

Sin duda, es una admisión honesta, pero no es racional. Es una expresión de prejuicios irracionales, indignos de una persona reflexiva, y mucho menos de un científico. Imagínate tan solo lo que pensaría la gente si yo escribiera: "Me pongo del lado de la Biblia a pesar de la patente necedad de algunos de sus constructos… a pesar de la tolerancia que muestra la comunidad bíblica por semejantes historias sin fundamento… dado que tengo un compromiso previo con el teísmo". Se reirían de mí hasta la saciedad, y además con razón.[43]

Para llegar a la conclusión de que la Biblia dice la verdad sobre Dios y sobre la vida, no es necesario hacer nada de esto. De hecho, según el Nuevo Testamento, el principio racional de seguir la evidencia donde nos conduzca es el mismo proceso que nos lleva a creer que la fe cristiana es cierta, porque, igual que la fe en la ciencia se basa en evidencias, el cristianismo es una fe basada en ellas. Esto es lo que dice el apóstol Juan, tal como señalamos antes:

Hizo además Jesús muchas otras señales en presencia de sus discípulos, las cuales no están escritas en este libro. Pero estas se han escrito para que creáis que Jesús es el Cristo, el Hijo de Dios, y para que creyendo, tengáis vida en su nombre.

JUAN 20:30-31

Juan registra una serie de milagros que hizo Jesús. Los llama "señales", porque su propósito es mostrar cómo cada uno de

---

42. *New York Review of Books*, 9 de enero de 1997.
43. Por cierto, y solo para que conste, yo jamás escribiría algo así, ¡porque sería mentira!

ellos tiene un significado más profundo que nos informa sobre quién es Jesús. Juan ha recopilado estas señales en su Evangelio para convencer incluso a los lectores más escépticos de que Jesús es el Cristo, el Hijo de Dios, y para mostrarles cómo, al creer, cualquiera de ellos puede recibir vida en su nombre.

Las afirmaciones que hizo Jesús (que era Dios en forma humana, que era la luz del mundo, la verdad, el pan de vida, el buen pastor y la resurrección y la vida) son tan impresionantes que cualquiera exigiría una evidencia sólida para creerlas. Esta es la evidencia que proporciona Juan. Su Evangelio está repleto de ocasiones en que Jesús ofreció potentes argumentos lógicos y apeló a la razón de sus oyentes. Por ejemplo, cuando algunos habitantes de Jerusalén le dijeron "A Abraham tenemos por padre", Jesús les respondió usando una lógica aguda y penetrante:

> *Si fueseis hijos de Abraham, las obras de Abraham haríais. Pero ahora procuráis matarme a mí, hombre que os he hablado la verdad, la cual he oído de Dios; no hizo esto Abraham.*
>
> JUAN 8:39-40

Sus oyentes se dieron cuenta de que la pura verdad y la lógica los derrotaban, de modo que su única salida fue intentar lapidarlo. Lamentablemente, esta es una táctica que se ha perpetuado hasta hoy.

Siendo coherentes con esto, a los cristianos se les dice que siempre deben estar dispuestos a ofrecer una defensa inteligente de lo que creen a cualquier que les pida una razón de la esperanza que tienen.[44]

Podría seguir, pero resultaría mucho más convincente que leyeras el Evangelio de Juan y te sumergieras en algunos de

---

44. 1 Pedro 3:15.

los numerosos argumentos que Jesús usó para transmitir su mensaje. Entonces entenderás la solidez de la afirmación de que el cristianismo es una fe muy razonable.

Esta es una de las razones por las que yo, siendo matemático, me siento como en casa siendo cristiano, dado que tanto la ciencia como la Biblia insisten en la importancia del argumento racional.

5

En un mundo científicamente avanzado, ¿de verdad podemos tomarnos en serio la Biblia?

Comprensiblemente, muchos me detendrán en este punto y me dirán: "¡Un momento! ¿De verdad mantiene que la Biblia está repleta de argumentos razonables y lógicos a pesar de que la ciencia ha desacreditado por completo algunas de sus afirmaciones? Tomemos por ejemplo su afirmación sobre la creación del mundo. La ciencia no habla de la creación, ¿no? Habla del Big Bang".

"Y lo que es peor: si entiende de manera literal lo que dice la Biblia sobre la creación, ¿no acabará creyendo que la Tierra tiene menos de 10 000 años de antigüedad, contradiciendo así todo lo que hemos aprendido sobre la edad del mundo gracias a la ciencia? Por lo tanto, no tiene sentido meter a la Biblia en el debate, al menos si quiere que le escuchemos".

Vale, pues en este punto voy a tener que arriesgarme. Obviamente, me gustaría que te tomaras en serio lo que estoy diciendo. Incluso me atrevo a esperar que, si me has seguido hasta este punto y estás dispuesto a aceptar, como mínimo, la idea de que Dios y la ciencia no son esos enemigos que imaginábamos, a lo mejor estás preparado para seguir leyendo para que te cuente *por qué* creo que la ciencia y la Biblia no son enemigos mortales.

A muchos nos enseñan en el colegio y en la universidad cómo tomarnos en serio la ciencia, pero hay muchas menos personas a las que se les ha enseñado a tomarse en serio los documentos antiguos. Y si no tenemos ni idea de cómo manejar una colección de documentos como es la Biblia, no resulta difícil encontrar en ella algunos conflictos con la ciencia. Ahora bien, como la mayoría habéis reflexionado sobre la ciencia, ahora quiero que adoptes una actitud científica y racional y la apliques a algunas reflexiones sobre la Biblia antes de llegar a tu conclusión definitiva.

LOS DOS LIBROS DE DIOS

Sir Francis Bacon (1561-1626), el hombre al que a menudo se le considera el padre de la ciencia moderna, escribió que Dios ha escrito no un libro, sino dos: a saber, la Escritura y la Creación.[45]

Esto nos proporciona una forma útil de comparar la actividad científica racional de interpretar la naturaleza con la actividad teológica racional de interpretar la Biblia. Tenemos dos conjuntos de "datos": el primero es la información que obtenemos del estudio de la naturaleza, y el segundo es el que obtenemos al estudiar la Biblia. Todos estamos de acuerdo en que la Biblia requiere una interpretación, pero

---

45. Francis Bacon, *The Advancement of Learning*, goo.gl/svchM1 (consultada el 26 de julio de 2018).

no todos son conscientes de que la naturaleza también la exige.

Tomemos un ejemplo famoso. En el siglo III a. C., el filósofo griego Aristóteles enseñaba que la Tierra estaba fija en el centro del universo, y el sol, las estrellas y los planetas giraban en torno a ella.[46] Esta concepción de la Tierra fija fue la aceptada durante siglos (y fue la causa de los problemas que tuvo Galileo, como vimos en el capítulo 2). Después de todo, para el ciudadano de a pie tenía mucho sentido: el sol sale y se pone, y parece que rodea la Tierra; y, si la Tierra se mueve, ¿por qué no salimos todos despedidos al espacio? Si la Tierra rota velozmente, ¿cómo es que cuando lanzamos una piedra al aire, en vertical, vuelve a caer en línea recta? ¿Por qué no sentimos un viento potente que nos sople de cara en la dirección opuesta a nuestro movimiento? La idea de que la Tierra se mueve tiene que ser absurda, ¿no?

Además, esta interpretación de la Tierra fija parecía encajar bien con lo que dice la Biblia:

> *Él fundó la tierra sobre sus cimientos; no será jamás removida.*

> SALMOS 104:5

Aparte de esto, parecía que la Biblia no solo enseñaba que la Tierra estaba fija; decía claramente que el Sol se movía:

> *Sale el sol, y se pone el sol, y se apresura a volver al lugar de donde se levanta.*

> ECLESIASTÉS 1:5

En 1543, el astrónomo Nicolás Copérnico publicó su famosa obra *Sobre las revoluciones de las esferas celestes*, en la que proponía el paradigma de que la Tierra y los planetas

---

46. Se le llama a menudo "el sistema ptolemaico".

orbitaban en torno al Sol. Esta sorprendente teoría científica nueva se enfrentó a la oposición tanto de protestantes como de católicos.

El reformador Martín Lutero rechazó alegremente esta conclusión, diciendo que Josué había dicho al Sol, no a la Tierra, que se estuviera quieto.[47] Juan Calvino también creía que la Tierra estaba inmóvil:

> *¿Por qué medio podría [la Tierra] mantenerse inmóvil, mientras los cielos que la cubren se hallan en perpetuo y veloz movimiento, si su divino Hacedor no la hubiese afirmado y establecido?[48]*

En 1632, Galileo respaldó firmemente el reto de Copérnico a la cosmovisión aristotélica. Todos sabemos lo que pasó. Resultó que Galileo tenía razón, e imagino que todos los que lean estas líneas aceptan que la Tierra no está fija en ese sentido.

Piensa en la situación. Durante siglos, todo el mundo estuvo de acuerdo con la teoría de la Tierra fija. Entonces Galileo la puso en duda, y en consecuencia se redujo el número de defensores de esa teoría a medida que aumentaba el de quienes abogaban por una Tierra en movimiento, hasta que ahora la inmensa mayoría de personas acepta la interpretación de la naturaleza que sostiene que la Tierra se desplaza con relación al Sol y a las estrellas fijas.

Entonces, ¿esto contradice de plano a la Biblia, que dice que la Tierra está fija?

La respuesta es "sí" solo si insistes en interpretar la afirmación "Él fundó la tierra sobre sus cimientos; no será jamás removida" en el nivel más básico, la literalidad. Pero, ¿es necesario que lo hagas? Algunos cristianos insistirán diciendo

---

47. *Science and Religion* (Cambridge University Press, 1991), p. 96.
48. Juan Calvino, *Commentary on the Book of Psalms Vol. IV* (Grand Rapids, Eerdmans, 1949), pp. 6-7.

"sí, hay que interpretar literalmente toda la Biblia, porque si no destruyes su autenticidad". Entiendo su deseo de proteger la Biblia, pero no se la puede proteger diciendo lo que no es cierto. Tomemos por ejemplo la declaración de que Israel era una tierra "en la que fluía leche y miel".[49] ¿Debemos tomarnos esto literalmente? ¿Es que había un gran río pegajoso de leche y miel que fluía por aquella tierra? Claro que no. Es un lenguaje metafórico. La leche y la miel eran literales, pero "fluir" es una metáfora para expresar vívidamente que aquel territorio era rico en pastos, abejas y productos lácteos. Sin embargo, por favor, ten en cuenta que la metáfora del "fluir" representa algo real: una prosperidad literal.

El lenguaje ordinario está repleto de metáforas como esa. Si me dijeras que Darren va volando por la calle con su nuevo deportivo, no interpretaría lo de "volar" como algo literal, sino como una manera metafórica de decir que (literalmente) conduce muy rápido. La frase es literal en cierto nivel, pero no en otro. A menudo los académicos emplean el término "literalismo" para describir el primer nivel. Aquí vemos, una vez más, que la metáfora representa algo real.

Aquí es donde radica buena parte de la confusión. Lo que resulta engañoso es el uso del adjetivo "literal".

LITERALMENTE METAFÓRICO

Este asunto reviste tanta importancia que voy a poner otro ejemplo. Jesús dijo: "Yo soy la puerta" (Jn. 10:9). ¿Nos tomamos esto literalmente (o, mejor dicho, de forma literalista)? Por supuesto que no. ¿Por qué no? Porque sabemos, gracias a nuestra experiencia del mundo (la ciencia en sentido generalizado) cómo son las puertas de madera, metal y otros materiales, y es evidente que Jesús no es una de ellas. Es una metáfora.

---

49. Deuteronomio 31:20.

Sin embargo, subrayamos, *es una metáfora de algo real*. Jesús *es* una puerta real; es una puerta *auténtica* que lleva a una experiencia viva de Dios. Para mantener un debate adulto sobre la ciencia, Dios y la Biblia, debemos tener en cuenta dos cosas:

- La Biblia, como toda literatura y habla humana, está llena de metáforas y de un lenguaje tremendamente pictórico.
- Las metáforas representan algo real. A menudo usamos el término "literal" cuando queremos decir algo así como "según su lectura natural", lo que resulta confuso.

Volvamos a la Tierra. Hubo un momento en que nuestra experiencia del mundo que nos rodea encajaba muy bien con la idea de que la Tierra estaba geométricamente fija. Pero nuestra experiencia se ha profundizado, y ahora sabemos que no está fija en sentido literal. También sabemos que el libro de Salmos es muy poético. Por lo tanto, una de las cosas que podemos hacer es comprobar si existe una interpretación razonable, en términos metafóricos, de la afirmación que hace el salmista de que la Tierra está "afirmada". Por ejemplo, podríamos decir que Dios ha establecido la Tierra no el sentido geométrico, sino en el sentido de que le ha concedido puntos estables de diversos tipos de modo que, para los propósitos divinos, está fija, y por lo tanto podemos confiar en la sucesión de las estaciones: "siembra y cosecha".

En relación con el movimiento de la Tierra, ahora entendemos que, aunque los textos bíblicos *podrían* entenderse como respaldo de una Tierra fija, existe una alternativa *razonable*. Esto tiene como efecto dotar de sentido a la Escritura y no generar un choque artificial entre esta y el descubrimiento científico que se produce si nos aferramos empecinadamente a una interpretación literalista.

Fue Galileo quien dijo que la Biblia nos enseña "cómo ir al cielo, no cómo van los cielos". Esto es cierto en gran medida. En la Biblia no aprendemos ciencia, ni esperamos hacerlo. En sus páginas no aprendí matemáticas. Sin embargo, sería un error pensar que la Biblia no tiene *nada* interesante que decir sobre el universo físico. Por ejemplo, la afirmación inicial de Génesis, "En el principio creó Dios los cielos y la tierra", es una proposición sobre los mismos cielos y la misma Tierra que estudian los físicos y los químicos.

No solo eso, sino que es evidente que la Biblia y la ciencia están de acuerdo en que el universo tuvo un principio. Esto resulta bastante notable, porque, desde la perspectiva cosmológica, la idea de un principio es propia del siglo XX. Hasta ese momento, la concepción de Aristóteles (que el universo era eterno) había dominado el pensamiento europeo. La ironía es que la Biblia llevaba miles de años diciendo que hubo un principio. ¡A la astrofísica le llevó mucho tiempo descubrir lo mismo! Y, tal como sugerí en un encuentro internacional de científicos, filósofos y teólogos, si los científicos se hubieran tomado en serio la cosmovisión bíblica hace muchos años, es muy posible que hubieran buscado evidencias de un principio antes de lo que lo hicieron.

LOS ORÍGENES DEL UNIVERSO

De hecho, el primero en sugerir que el espacio-tiempo había tenido un comienzo fue un sacerdote belga, Georges Lemaitre, creyente en Dios. Lo hizo basándose en las teorías de Einstein. El cosmólogo sir Fred Hoyle, que no creía en ese "comienzo", lo bautizó en son de burla como "el Big Bang" ("el gran estallido"). Sin embargo, el número de evidencias científicas de que hubo un principio fue aumentando sin cesar; el desplazamiento hacia el rojo en la luz proveniente de las galaxias, el universo en expansión y el descubrimiento de la radiación de fondo cósmico han contribuido a nuestra concepción actual, que dice que el universo empezó a existir en un punto del tiempo y del espacio. Ahora disponemos del Modelo Estándar de física basado en esas brillantes observaciones.

Pero, ¿es que la explicación del Big Bang no contradice la explicación de la Creación?

En absoluto. Y es que el Big Bang no es una explicación en ningún sentido. Es, sencillamente, una etiqueta que dice que hubo un principio. No dice nada sobre *cómo* llegó a existir el universo. La Biblia sí da un motivo para la existencia del universo. Dice que Dios lo creó: hubo un principio provocado por Dios, y si algunas personas quieren etiquetar ese principio como "Big Bang", estupendo. Fue un Gran Estallido provocado por Dios.

Pero, ¿es que la ciencia no contradice a la Biblia sobre la edad del universo?

La ciencia dice que el origen del universo se produjo hace 13 800 millones de años, no en el pasado muy reciente que podrían sugerir algunas lecturas de Génesis 1. ¿No basta esto para renunciar a la Biblia de inmediato? Aquí no hay un conflicto entre la Biblia y la ciencia, sino entre *una interpretación particular* de la Biblia y la ciencia.

Los cristianos tienen distintas concepciones sobre la relación precisa entre los primeros capítulos de Génesis y el mundo físico a medida que lo vamos comprendiendo mejor. Así es como resuelvo esta cuestión particular, echando un vistazo más profundo a lo que dice en realidad la Biblia en sus primeras páginas. Génesis 1:1 – 2:3 posee una estructura tripartita. Veamos un sencillo esquema del contenido de la primera sección.

Declaración sobre la creación de los cielos y la tierra:
Génesis 1:1-2

Seis días de creación y actividad organizativa divinas, que culminan con la creación de los seres humanos a su imagen: Génesis 1:3 – 2:1

El séptimo día en que Dios descansó, el día de reposo:
Génesis 2:2-3

En esta estructura de tres partes, el acto inicial de creación está separado de los seis días de la creación posterior. Los días tienen un patrón claro: todos empiezan con la afirmación "dijo Dios...", y acaban con la declaración "y fue la tarde y la mañana un día". Entiendo que el pasaje dice que el día 1 empieza en el versículo 3, no en el 1. En el texto original, esto viene sugerido por el hecho de que el verbo "creó" en Génesis 1:1 está en tiempo perfecto; este tiempo se usa para hablar "de un suceso que tuvo lugar antes de que se iniciara el hilo argumental".[50] El uso del tiempo narrativo comienza en el versículo 3.

La consecuencia de esto es que "el principio" de Génesis 1:1 no tuvo lugar necesariamente en el día 1, como dan por hecho frecuentemente algunas interpretaciones. La creación inicial pudo ser un acontecimiento que tuvo lugar antes del día 1, pero Génesis no nos dice cuánto tiempo antes.

Esto significa que la cuestión de la edad de la Tierra (y del universo) es un tema separado de la interpretación de los días, una idea que suele pasarse por alto en muchos de los acalorados debates sobre esta cuestión. En otras palabras, *aparte de cualquier consideración científica*, podemos leer Génesis 1:1 de tal modo que la edad del universo queda

---

50. Según el académico hebreo C. John Collins, *Genesis 1 – 4* (P&R Publishing, 2012), p. 51.

indeterminada.[51] Por lo tanto, no creo que en principio y desde el punto de vista bíblico exista ninguna objeción a la datación científica moderna. Este es un ejemplo de cómo la atención exhaustiva al lenguaje y a la gramática puede evitar un conflicto innecesario entre la ciencia y la interpretación de la Escritura.

Lo que se requiere de nosotros es que nos volvamos mejores lectores de ambos "libros": que comprendamos las limitaciones de la ciencia para ofrecernos explicaciones del significado, valor y propósito; y que leamos el texto de la Escritura cuidadosamente, para sopesar su significado.

Pero existe un área muy importante en la que aquellos que rechazan una cosmovisión teísta niegan la creencia en Dios en general y el contenido de la Biblia en concreto: los *milagros*...

---

51. Si te interesa leer lo que pienso sobre los primeros capítulos de Génesis, puedes consultar mi libro *Seven Days That Divide the World*.

6
¿Los milagros van demasiado lejos?

Imagino que algunos lectores dirán: "Hasta aquí, muy bien. Parece bastante razonable aplicar a la Biblia los mismos criterios que aplicaríamos a cualquier otro documento literario. Sin embargo, ¿también nos va a decir que podemos reconciliar fácilmente la Biblia con la ciencia o la ciencia con la Biblia considerando simplemente que todos los pasajes difíciles son metafóricos?".

Es una objeción justa. Por ejemplo, como mencioné antes, una de las afirmaciones cruciales de la Biblia es que Jesucristo resucitó de entre los muertos. ¿Debemos interpretar esto como un suceso histórico? Si lo hacemos, es obvio que fue algo sobrenatural, y todo el que niegue la existencia de Dios se enfrentará a la elección entre dos alternativas mutuamente excluyentes: o creemos en la posibilidad de los milagros o creemos en la concepción científica de las leyes de la naturaleza, pero no ambas. Veamos cómo expresa Richard Dawkins esta idea con su habitual estilo contundente.

El siglo XIX fue la última vez en que fue posible que una persona cultivada admitiera creer en milagros como el nacimiento virginal sin sentir vergüenza. Cuando se les presiona, muchos cristianos cultivados son demasiado leales como para negar el nacimiento virginal y la resurrección. Pero les avergüenza hacerlo, porque sus mentes racionales saben que es absurdo, de modo que preferirían con mucho que nadie les preguntase.[52]

Aquí Dawkins se hace eco del famoso argumento del filósofo ilustrado David Hume, quien dijo que "los milagros son transgresiones de las leyes naturales".

Sin embargo, esto no puede ser tan sencillo como pensaba Hume o cree Dawkins. Hay científicos tremendamente inteligentes, eminentes, que discrepan de él; por ejemplo, el profesor William Phillips, Premio Nobel de física en 1998; el profesor John Polkinghorne, físico cuántico y miembro de la Royal Society, Cambridge; sir John Houghton, ex director de la Oficina Meteorológica Británica y director del Panel Gubernamental Internacional del Cambio Climático; y el director actual del Proyecto del Genoma Humano, Francis Collins. Estos distinguidos científicos son muy conscientes de los argumentos contra los milagros. A pesar de ello, cada uno de ellos afirma, públicamente y sin ningún tipo de vergüenza o sentido del absurdo, su creencia en lo sobrenatural y, en concreto, en la resurrección de Cristo; que consideran, al igual que yo, evidencia suprema de la veracidad de la cosmovisión cristiana.

Uno de los científicos mencionados, Francis Collins, sostiene que con el tema de los milagros debemos ser precavidos:

---

52. *The God Delusion*, p. 187 (*El espejismo de Dios*).

Al margen de la opinión personal, es crucial que se aplique un escepticismo saludable al interpretar hechos potencialmente milagrosos, para que la integridad y la racionalidad de la perspectiva religiosa no se pongan en duda. La única cosa que matará la posibilidad de los milagros más rápidamente que un materialista convencido es asignar el estado de milagro a hechos cotidianos para los que ya existe una explicación natural.[53]

Por este motivo, en el capítulo 8 nos centraremos en la resurrección de Jesús con objeto de proporcionar al debate un punto focal lo más definido posible. El milagro de la resurrección fue lo que puso en marcha el cristianismo, y ese mismo milagro es su mensaje central. Ciertamente, la cualificación básica de un apóstol era haber sido testigo presencial de la resurrección.[54] Sin la resurrección, simplemente no existe mensaje cristiano. El apóstol Pablo escribe: "Y si Cristo no resucitó, vana es entonces nuestra predicación, vana es también vuestra fe".[55]

LAS LEYES NATURALES

Recordemos el punto de vista de la ciencia contemporánea y su pensamiento sobre las leyes de la naturaleza. Dado que las leyes científicas encarnan relaciones causa-efecto, los científicos modernos no las consideran meramente capaces de *describir* lo que ha sucedido en el pasado. Siempre que no trabajemos en el nivel cuántico, tales leyes pueden predecir con éxito lo que sucederá en el futuro con tanta precisión que, por ejemplo, es posible calcular con exactitud las órbitas de los satélites de comunicaciones, y es posible efectuar aterrizajes en la Luna y en Marte. Por consiguiente, muchos

---

53. *¿Cómo habla Dios?*, Ediciones Temas de Hoy, 2007, p. 61.
54. Hechos 1:22.
55. 1 Corintios 15:4 (NVI).

científicos están convencidos de que el universo es un sistema cerrado de causa y efecto.

A la luz de esto, es comprensible que no les guste la idea (que rechazan) de que algún dios podría intervenir arbitrariamente para alterar, suspender, invertir o de otro modo "transgredir" esas leyes de la naturaleza. Para ellos, eso parecería contradecir la inmutabilidad de esas leyes, destruyendo así los fundamentos mismos de nuestro entendimiento científico del universo.

Su primera objeción, que de nuevo procede de David Hume, es que la creencia en los milagros en general, y en los milagros del Nuevo Testamento en particular, nació en culturas primitivas, precientíficas, donde las personas desconocían las leyes de la naturaleza y por tanto aceptaban enseguida historias de milagros. Toda plausibilidad inicial que parezca tener esta explicación desaparece rápidamente cuando se aplica a milagros del Nuevo Testamento como la resurrección. Con solo pensar un momento nos daremos cuenta de que, para categorizar un suceso como milagro, debe existir cierta regularidad percibida para la que ese suceso es una excepción aparente. No se puede decir que algo es anómalo si no sabemos *qué es* lo normal.

Esta conclusión es algo que ya tuvieron muy en cuenta en el pasado; de hecho, en la misma época en que se escribieron los documentos del Nuevo Testamento. Es interesante que el historiador Lucas, que era médico y estaba versado en la ciencia médica de sus tiempos, plantee este mismo asunto. En su relato sobre la expansión del cristianismo, Lucas nos informa de que la primera oposición al mensaje cristiano de la resurrección no provino de los ateos, sino de los sumos sacerdotes del judaísmo. Se trataba de hombres tremendamente religiosos del grupo de los saduceos. Creían en Dios; pronunciaban sus oraciones y realizaban cultos en el templo, pero esto no significa que la primera vez que oyeron la declaración de que Jesús había resucitado de los muertos la creyeran. No la creyeron, porque habían abogado por una cosmovisión que negaba a todo humano, y no digamos ya a Jesucristo, la posibilidad de resucitar físicamente.

Suponer que el cristianismo nació en un mundo precientífico, crédulo e ignorante, sencillamente no encaja con los hechos. El mundo antiguo conocía tan bien como nosotros la ley de la naturaleza: que los cadáveres no se levantan de sus tumbas. El cristianismo se abrió camino por el tremendo peso de la evidencia que demostraba que un hombre había resucitado corporalmente de entre los muertos.

La segunda objeción a los milagros es que ahora que sabemos que existen leyes en la naturaleza y podemos describirlas, los milagros son simplemente imposibles; esta es la famosa objeción de Hume. Sin embargo, no creo que esta objeción esté fundamentada. Déjame que use una ilustración.

Supongamos que esta semana meto 10 libras en un cajón de mi escritorio. A la semana siguiente, meto otras 20. A la semana siguiente, meto otro billete de 10, y luego cierro el cajón con llave. Las leyes de la aritmética me permiten predecir que la próxima vez que abra ese cajón encontraré 40 libras.

Pero supongamos que la siguiente vez que abro el cajón encuentro solo un billete de 10 libras; ¿a qué conclusión debo llegar? ¿Que se han transgredido las leyes de la aritmética? ¡Claro que no! Llegaría a la conclusión más razonable de que algún ladrón ha incumplido no las leyes de la aritmética sino las del país, y se ha llevado 30 libras de mi cajón. Lo que sería ridículo es sostener que la existencia de las leyes de la aritmética hace que sea imposible creer en la existencia de ese ladrón o en la posibilidad de que intervenga. Lo cierto es lo contrario: el funcionamiento normal de esas leyes es lo que nos induce a creer en la existencia del ladrón y en su actividad en mi casa.

¿CUÁLES SON LAS LEYES NATURALES?

Esta analogía también nos recuerda que el uso científico del sustantivo "ley" no es el mismo que su uso legal, según el cual a menudo pensamos en una ley como algo que limita los actos de una persona. Las leyes de la aritmética no limitan ni presionan al ladrón de nuestro ejemplo en ningún sentido. La ley de la gravedad de Newton me dice que, si dejo caer una manzana, caerá hacia el centro de la Tierra. Pero esa ley no impide que alguien intervenga y atrape la manzana mientras cae. En otras palabras, la ley *predice* lo que sucederá, siempre que no haya ningún cambio en las condiciones en las que se realiza el experimento.

Así, desde la perspectiva teísta, las leyes de la naturaleza predicen qué sucederá si Dios no interviene. Que el Creador intervenga en su propia Creación no es un robo, por supuesto. Postular que las leyes de la naturaleza hacen que sea imposible que creamos en la existencia de Dios y en la probabilidad de su intervención en el universo es claramente falso. Sería como decir que entender las leyes del motor a reacción imposibilita creer que el diseñador de ese motor podría, si quisiera, intervenir y quitarle el rotor. Por supuesto que podría intervenir. Además, su intervención no destruiría esas leyes. Las mismas leyes que explicaban por qué funcionaba el motor con el rotor en su lugar explicarían ahora por qué no funciona cuando se le ha quitado.

Por lo tanto, David Hume se equivocó al afirmar que los milagros "transgreden" las leyes naturales. Lo que podríamos decir es que la ley natural dice que los seres humanos no resucitan de los muertos *mediante un mecanismo natural*. Pero los cristianos no afirman que Cristo resucitó de la tumba recurriendo a un mecanismo así. Esta idea tiene una importancia vital para todo el debate: los cristianos afirman que Jesús se levantó de los muertos mediante un poder sobrenatural. Por sí mismas, las leyes de la naturaleza no pueden descartar esa posibilidad. Cuando se produce un milagro, son las leyes naturales las que nos alertan sobre el hecho de que es un milagro.

Los cristianos no niegan las leyes naturales. Por el contrario, las consideran descripciones de aquellas regularidades y relaciones causa-efecto que el Creador ha introducido en el universo, y conforme a las cuales este opera normalmente. Si no las conociéramos, nunca reconoceríamos un milagro si lo viésemos. La diferencia crucial entre la concepción cristiana y una cosmovisión que niega la existencia de Dios es que los cristianos no creen que este universo sea un sistema cerrado de causa y efecto. Creen que está abierto a la actividad causal de su Dios Creador.

Si uno admite la existencia de un Creador, es inevitable que la puerta quede abierta para que ese mismo Creador intervenga en el curso de la naturaleza. No existe un Creador dócil que no pueda, no deba o no se atreva a participar activamente en el universo que ha creado. Los milagros pueden suceder.

EL PROBLEMA MAYOR: EL MAL Y EL SUFRIMIENTO

Soy muy consciente de que hay muchas personas, incluyendo científicos, para quienes la existencia del mal y del sufrimiento supone un problema muy grande. "Si usted tiene razón", dicen, "al decir que existe un Dios que puede intervenir en los asuntos de este mundo, ¿por qué no interviene para solucionar el problema más grave de todos, el del mal y el sufrimiento?".

Muchos colegas científicos me han dicho que quizá haya evidencias de una inteligencia sobrenatural subyacente en el universo, pero por favor, que no les hable de un Dios personal a quien le importamos. ¿Acaso el lamentable estado del mundo, con su violencia y su maldad inacabables, por no hablar de las catástrofes naturales, no demuestra justo lo contrario? Es decir, que lo que los aparta de Dios no es la ciencia sino el sufrimiento, un hecho que puede resultar bastante extraño, dado que sacar a Dios de la ecuación nos deja con el problema y sin ninguna esperanza de una solución definitiva.

Admito que esta es una de las cuestiones más profundas a las que nos enfrentamos aquellos que creemos en Dios. Exige un tratamiento mucho más exhaustivo que el que podamos ofrecer en este breve libro. Si te interesa saber cuál es mi respuesta, te recomiendo un libro que he escrito sobre este tema junto al profesor David Gooding.[56] Baste decir aquí que la cosmovisión cristiana, y la enseñanza de Jesús en concreto, tiene cosas sustanciales y convincentes que decir no solo sobre la realidad del sufrimiento y del mal, sino sobre lo que ha hecho y hace Dios para resolver este problema. La respuesta cristiana a esta cuestión es una que ofrece tanto esperanza como consuelo a quienes están sufriendo, algo difícil de encontrar en una cosmovisión que rechaza de plano la idea de Dios.

Anteriormente vimos que la existencia de la razón humana es una evidencia de lo sobrenatural. Por lo tanto, es totalmente razonable estar abiertos a la posibilidad de que se hayan producido milagros. Que de verdad se haya producido algún milagro específico, como la resurrección, es ahora una cuestión histórica, y no filosófica, y depende de los testigos y de la evidencia. Esa evidencia se encuentra principalmente en el Nuevo Testamento, al que ahora recurriremos.

---

56. *Suffering Life's Pain: Facing the Problem of Moral and Natural Evil* (Myrtlefield House, 2018).

7

¿Te puedes fiar de lo que lees?

Antes de examinar la evidencia de la resurrección de Jesús, tenemos que preguntarnos cuál es la fiabilidad de los documentos que nos hablan de ella, el Nuevo Testamento. La opinión popular sobre el Nuevo Testamento es tremendamente variopinta. Por ejemplo, nunca deja de asombrarme cuántas personas negarán como si tal cosa la existencia del personaje histórico de Jesús tal como se le presenta en los Evangelios.

Los verdaderos expertos en estos asuntos son los historiadores especializados en el mundo antiguo y, en aras de la justicia, debemos escucharles. Entre ellos, sean o no cristianos, existe un notable consenso sobre la existencia de Jesús y las cosas que hizo.

Por ejemplo, un erudito de Oxford, Christopher Tuckett, autor de un texto sobre el Jesús histórico para la Universidad de Cambridge, habla sobre las evidencias de esta manera:

Todo esto hace como mínimo que sean implausibles las enrevesadas teorías de que incluso la existencia de Jesús fue una invención cristiana. Los hechos de que Jesús existió, que fue crucificado bajo mandato de Poncio Pilato (por el motivo que fuera) y que había contado con un grupo de seguidores que siguieron propagando su causa, parecen formar parte de la roca madre de la tradición histórica. Como mínimo, las evidencias no cristianas pueden ofrecernos certidumbre a ese respecto.[57]

En cuanto al Nuevo Testamento, las opiniones de muchas personas parecen basarse en alocadas teorías de la conspiración, y no parecen ser conscientes de lo aplastantemente fuertes que son las evidencias sobre la fiabilidad del texto neotestamentario. Las frecuentes opiniones que dicen que el texto del Nuevo Testamento no es digno de confianza, o que se inventó mucho más tarde de lo que se dice, o que simplemente es fraudulento, no superan un examen serio.

LOS MANUSCRITOS

Primero, hemos de tener en cuenta el amplio número de manuscritos de los que disponemos hoy. Se han catalogado cerca de 5.000 manuscritos parciales o totales del Nuevo Testamento en el idioma griego original, y más de 9.000 en traducciones tempranas al latín, el sirio, el copto, el árabe y otros idiomas. Además de estos, existen 38.289 citas del Nuevo Testamento que hicieron los Padres de la Iglesia primitiva, quienes escribieron entre los siglos II y IV. Es decir, que incluso si perdiéramos *todos* los manuscritos del Nuevo Testamento, podríamos reconstruir el Nuevo Testamento prácticamente entero, a falta únicamente de 11 versículos.

Para hacernos una idea del peso que tiene esta evidencia manuscrita, solo tenemos que compararla con la evidencia

---

57. "Sources and Methods", en *The Cambridge Companion to Jesus* (Cambridge University Press, 2001), p. 124.

documental disponible para otros textos antiguos famosos. Por ejemplo, en torno al año 116 d. C. el historiador romano Tácito escribió *Anales de la Roma imperial*. Los primeros seis tomos de los *Anales* sobreviven en un solo manuscrito, que fue copiado sobre el año 850 d. C. Aunque los tomos del VII al X no han sobrevivido, hay 35 manuscritos de los volúmenes XI al XVI, el más antiguo de los cuales data del siglo XI. Por consiguiente, la evidencia manuscrita es muy escasa, y el lapso cronológico entre la compilación originaria y los manuscritos más tempranos es de más de 700 años.

Por el contrario, la evidencia documental para la *Guerra judía*, escrita en griego por el historiador Josefo en el siglo I d. C., comprende 9 manuscritos que se copiaron entre los siglos X y XII d. C., una traducción al latín en el siglo IV d. C., y unas versiones rusas que datan de los siglos XI y XII d. C. La obra secular antigua que cuenta con el mayor respaldo documental es la *Ilíada* de Homero (escrita en torno al 800 a. C.), de la que existen 643 copias manuscritas que datan del siglo II d. C (y posteriores). Para la obra de Homero, la distancia cronológica entre los manuscritos originarios y los supervivientes más tempranos es de 1.000 años.[58]

La conclusión principal que sacamos de esto es que los académicos tratan esos documentos como representaciones auténticas de los originales, a pesar de la escasez de manuscritos y de sus fechas tardías. En comparación con estos, el Nuevo Testamento es, con diferencia, el documento del mundo antiguo mejor atestiguado.

Hemos destacado que existe un lapso cronológico considerable entre la fecha de algunos manuscritos antiguos bien conocidos y los originales de los que son copias. Por

---

58. J. y S. McDowell. *Evidence That Demands a* Verdict, pp. 55-60 (*Evidencia que exige un veredicto*, Clie, 2004).

el contrario, algunos de los manuscritos del Nuevo Testamento son muy antiguos. Los Papiros Bodmer (en la Colección Bodmer, Cologny, Suiza) contienen unos dos tercios del Evangelio de Juan en un papiro, fechado en un momento tan temprano como el año 200 d. C. Otro papiro del siglo III contiene fragmentos de Lucas y de Juan. Quizá los manuscritos más importantes sean los Papiros Chester Beatty, que se descubrieron en torno a 1.930 y que ahora se albergan en el Museo Chester Beatty de Dublín, Irlanda. El Papiro 1 procede del siglo III y contiene fragmentos de los cuatro Evangelios y de Hechos. El Papiro 2 contiene porciones considerables de ocho de las epístolas de Pablo, además de partes de la epístola a los Hebreos, y se fecha en torno al año 200 d. C. El Papiro 3 contiene buena parte del libro de Apocalipsis y se ha datado en el siglo III. La datación de estos documentos se realiza usando las técnicas científicas más avanzadas.

COPIANDO ERRORES

Muchas personas siguen asegurando que el Nuevo Testamento no puede ser fiable porque se ha copiado muchas veces. Esta conclusión carece de fundamento. Tomemos, por ejemplo, un manuscrito que fue escrito en torno al año 200 d. C., y que ahora tiene por tanto unos 1.800 años. ¿Qué antigüedad tenía el manuscrito del que se copió originariamente? Por supuesto, no lo sabemos, pero podría haber tenido muy fácilmente unos 140 años en el momento en que fue copiado. Si esto fue así, ese manuscrito fue elaborado cuando muchos de los autores del Nuevo Testamento seguían vivos. Así, ¡pasamos de la época del Nuevo Testamento hasta la nuestra en solo dos pasos!

Además, mientras que en la mayoría de manuscritos se producen errores de copia (es prácticamente imposible copiar un documento extenso a mano sin cometer algún error), no hay dos manuscritos que contengan exactamente los mismos fallos. Por lo tanto, al comparar los manuscritos, es posible reconstruir el texto original hasta el punto de que, en opinión de los expertos, menos del dos por ciento de ese texto sea incierto, y además una gran parte de ese dos por ciento tiene que ver con pequeños matices lingüísticos que no suponen diferencia alguna para el sentido general. Es más, dado que ninguna enseñanza del Nuevo Testamento depende solamente de un versículo o de un pasaje, estas incertidumbres mínimas no ponen en duda ninguna doctrina cristiana.

A modo de resumen de la situación, sir Frederic Kenyon, que fue director del Museo Británico y es una autoridad máxima en manuscritos antiguos, escribió lo siguiente:

> *El número de manuscritos del Nuevo Testamento, de traducciones tempranas del mismo y de citas de este entre los escritores más antiguos de la Iglesia es tan grande que es prácticamente indiscutible que en alguna de esas autoridades antiguas se ha preservado la lectura verdadera de todo pasaje dudoso. Esto no se puede decir de ningún otro libro antiguo del mundo.*[59]

Por lo que respecta a la historicidad, resulta que Lucas, el autor de un Evangelio y de Hechos de los apóstoles, fue un brillante historiador de la antigüedad. El historiador romano A. N. Sherwin-White admitió que, aunque todas las fuentes tienen sus limitaciones y proceden de un punto de vista particular,

> *...para Hechos, la confirmación de historicidad es aplastante... todo intento de rechazar su historicidad*

---

59. *Our Bible and the Ancient Manuscripts* (Harper, 1958), p. 55.

básica incluso en cuestiones de detalle debe considerarse absurdo.[60]

EL CAMINO A SEGUIR

Por supuesto, estas observaciones sobre el texto del Nuevo Testamento no "demuestran" que lo que dicen los documentos sea cierto, pero sí que dejan claras las credenciales de esas narraciones sobre Jesús como documentos históricos auténticos que es necesario tomarse en serio. Rechazarlos como invenciones que no merecen que les dediquemos tiempo o atención sería negarse a seguir las evidencias adonde claramente nos llevan. Ciertamente, es importante referirse a la gran cantidad de estudios que se han realizado sobre la historicidad del Nuevo Testamento.[61]

Es esencial que captemos las credenciales de los documentos en los que se basa el cristianismo, porque ahora examinaremos la que es quizá la parte más crucial del mensaje cristiano.

---

60. A. N. Sherwin-White, *Roman Society and Roman Law in the New Testament* (Clarendon Press, 1963), p. 189. Para ver cómo un erudito más actual llega a conclusiones parecidas, véase Mark D. Smith, *The Last Days of Jesus* (Lutterworth, 2017).

61. Existen muchas fuentes sobre Jesús, incluyendo las cuatro narraciones del siglo I, las numerosas cartas de Pablo y la obra de Josefo, quien describe a muchas de las personas y los acontecimientos de aquella época. Para más información sobre cuestiones textuales, véase la exposición en R. Stewart (ed.), *The Reliability of the New Testament* (Fortress, 2007). Para una exposición sobre la importancia de la tradición oral, véase R. Bauckham, *Jesus and the Eyewitnesses*, y D. Wenham, *Did St Paul Get Jesus Right?* (Lion, 2010).

8

Cómo refutar el cristianismo

En el capítulo 6 vimos que la ciencia no hace que los milagros sean imposibles. Esto nos da la libertad para investigar la afirmación específica que se encuentra en el meollo del cristianismo: que Jesucristo resucitó corporalmente de los muertos.

Quizá lo más sorprendente de la resurrección de Jesucristo en el pensamiento cristiano sea que, desde buen comienzo, los líderes de la comunidad cristiana apoyaron en ella toda la validez del mensaje cristiano. El apóstol Pablo escribió:

> *…y si Cristo no resucitó, vuestra fe es vana; aún estáis en vuestros pecados… somos los más dignos de conmiseración de todos los hombres.*

> 1 Corintios 15:17, 19

En otras palabras, si desmentimos la resurrección, la totalidad del cristianismo desaparece en una nube de humo. A diferencia de la mayoría de otras religiones, que se basan en ideas o teorías, el cristianismo afirma ser verificable, basándose en esta única aseveración histórica. Si desmentimos la resurrección de Jesús, el cristianismo está muerto.

APLICANDO LA CIENCIA A LA HISTORIA

La resurrección es un suceso pasado único, de modo que tenemos que saber cómo abordan los científicos este tipo de acontecimientos. Podríamos decir, informalmente, que en realidad existen dos tipos de ciencia: primero, el tipo con el que estamos más familiarizados en la escuela, en el cual usamos la experimentación para verificar nuestras explicaciones; son experimentos que podría repetir cualquiera que disponga del equipo adecuado. A este proceso lo llamamos *inducción*.

Sin embargo, esta forma de pensar no funciona cuando estudiamos eventos irrepetibles, como la erupción del volcán Krakatoa en 1883, o la extinción de los dinosaurios, o el origen del universo o de la vida... o la resurrección. No podemos repetir esos sucesos para ver qué sucedió.

Lo que hacemos con los eventos únicos es usar el tipo de proceso forense que conocemos gracias a las novelas de detectives. Hércules Poirot no puede reproducir un asesinato para enterarse de quién lo cometió. En lugar de eso, emplea un proceso de razonamiento que discurre así:

- Si el sospechoso A fuera el asesino, entonces se producirían los siguientes efectos, llamémosles X e Y.
- Poirot observa X e Y deduce que el sospechoso A es un buen candidato.
- Sin embargo, entonces descubre un hecho adicional Z, y cuando reflexiona sobre él, llega a la conclusión de que A no pudo producir Z.
- No obstante, hay una sospechosa adicional, B. Si ella fue la autora del crimen, entonces habrían sucedido X, Y y Z.

- Poirot deduce que B es una candidata mejor que A, y así hace progresos.

Al final, Poirot da con la explicación que encaja con todos los datos y resuelve el caso. A este proceso lo llamamos *abducción* o inferencia hacia la mejor explicación. Es un proceso con el que estamos familiarizados en muchas áreas de la vida cotidiana.

Esto es exactamente lo que pasa con la resurrección de Jesús. No podemos repetirla para ver lo que pasó, de modo que debemos hacer una inferencia que nos lleve a la mejor explicación. Esto es lo que pasaremos a hacer a continuación.

Hay cuatro aspectos a tener en cuenta:

1. La muerte de Jesús

Si Jesús no murió realmente en la cruz, no podría haber habido una resurrección. Por consiguiente, debemos tener claro que murió de verdad. De hecho, en una serie de fuentes no cristianas antiguas encontramos informes sobre su ejecución. La mayoría de especialistas cree que Josefo (37-100 d. C.), un historiador judeo-romano del siglo I, escribió uno de los relatos más tempranos que se han conservado y que menciona la crucifixión de Jesús (aparte de los que escribieron los autores del Nuevo Testamento).[62]

A principios del siglo II, Tácito (56-117 d. C.), senador e historiador del Imperio Romano, confirmó esto, diciendo que Cristo "padeció la pena máxima [es decir, la crucifixión] durante el reinado de Tiberio a manos de uno de nuestros procuradores, Poncio Pilato".

---

62. Aunque los especialistas creen que podría haber embellecido sutilmente su relato, el consenso general concluye que el original contenía una referencia auténtica a la ejecución de Jesús.

Según Juan, que fue testigo presencial, Jesús fue crucificado con dos hombres más. Las autoridades judías no querían que los cuerpos, que se consideraban impuros, permanecieran en las cruces durante el día de reposo. Por lo tanto, obtuvieron el permiso de Pilato para acelerar la muerte mediante un método expeditivo, el *crurifragium*, es decir, romper las piernas de los condenados para asegurarse de que murieran rápidamente. Sin embargo, los soldados descubrieron que Jesús ya estaba muerto, de modo que no le rompieron las piernas. Los soldados romanos sabían reconocer un cadáver cuando lo veían. Sin embargo, y supuestamente para estar seguros del todo, uno de los soldados le clavó una lanza en el costado.

Juan nos dice que ese lanzazo hizo manar un flujo de sangre y agua. Esto demuestra, muy probablemente, que la sangre acumulada había separado ya el plasma (que tiene el aspecto del agua) de la sangre con glóbulos rojos, lo cual indica que Jesús había muerto bastante antes de recibir el lanzazo. Dado que es imposible que Juan conociera la importancia patológica de este hecho, es un evidencia contundente y circunstancial de la muerte de Jesús, una inferencia científica muy clara de la mejor explicación.

2. El entierro de Jesús

Según los informes, dos miembros del Sanedrín (el consejo dirigente judío), José y Nicodemo, sepultaron el cuerpo de Jesús en una tumba privada que pertenecía a José. Además, otros testigos vieron dónde estaba situada la tumba: las mujeres de Galilea y las dos Marías.

El hecho de que enterrasen a Jesús en un sepulcro es importante. Si el cadáver de Jesús hubiera sido arrojado sin más a una fosa común (como solía pasarles a los criminales) habría sido muy complicado determinar dónde se encontraba su cuerpo, por no decir imposible. Además, se trataba de una tumba nueva, que nadie había utilizado antes, de modo que no existía la posibilidad de que su cuerpo se confundiera accidentalmente con otro. Si tenemos además en cuenta que, como acabamos de comentar, algunas de las mujeres creyentes siguieron a José y vieron la tumba en la que depositaron el cuerpo de Cristo, es extremadamente improbable que cuando las mujeres acudieron a primera hora el primer día de la semana mientras aún estaba oscuro, fuesen equivocadamente al sepulcro erróneo.

Nicodemo y José envolvieron el cuerpo en tiras de lino mezcladas con unos 25 kilos de especias, de acuerdo con la manera antigua de honrar a una persona importante. Es evidente que no esperaban una resurrección. El peso de las especias, y la manera en que las tiras del sudario estaban estrechamente pegadas al cuerpo, como las de una momia egipcia, hacen que sea increíble la suposición de que Cristo, después de haberse desmayado debido a la pérdida de sangre en la cruz, reviviese en la tumba y se las arreglase para escapar.

José selló el sepulcro con una gran piedra plana que discurría por una acanaladura en la entrada. Hacían falta varios hombres para desplazarla. Además, actuando con la autoridad de Pilato, los líderes judíos hicieron que la piedra se sellara oficialmente. Aparte, por petición de los fariseos y con permiso de Pilato, se dispuso a unos guardias frente a la tumba. Mateo que nos dice que esto se hizo para evitar que los discípulos vinieran, se llevaran el cuerpo de Jesús y anunciaran una "resurrección" fraudulenta.

3. El sepulcro vacío

El testimonio unánime de los Evangelios dice que cuando las mujeres cristianas acudieron temprano el primer día de la semana, para concluir el proceso de embalsamamiento del cuerpo, descubrieron que la tumba estaba vacía. Y cuando llegaron los apóstoles para investigar, también vieron que el sepulcro estaba vacío.

Esto nos ayuda a comprender qué querían decir los primeros cristianos cuando afirmaban que Jesús resucitó de los muertos: que el cuerpo de Jesús que ellos habían sepultado en la tumba, sabiendo que estaba muerto, había sido resucitado de entre los muertos y había abandonado el sepulcro. Por mucho que hubiera cambiado aquel cuerpo, insistieron en que era el mismo que ellos habían metido en la tumba. No era otro cuerpo nuevo sin relación alguna con el cuerpo original de Jesús.

Según Mateo, los primeros que anunciaron públicamente que la tumba de Jesús estaba vacía fueron las autoridades judías, ¡no los cristianos! Hicieron correr el rumor por Jerusalén de que los discípulos habían robado el cadáver de Jesús mientras los guardias dormían.

La pregunta que surge es: ¿es auténtico este relato de Mateo? Algunos piensan que son un mito que se inventó mucho después de los acontecimientos. Pero esta explicación es improbable. El Evangelio de Mateo es, por consenso común, el Evangelio más característicamente judío del Nuevo Testamento. Se cree que fue publicado a finales de los años 60 d. C.,[63] y a esas alturas los datos sobre la crucifixión y el sepelio de Cristo ya habrían circulado ampliamente por las sinagogas judías de esa parte de Oriente Medio. Si las historias hubieran sido una invención posterior, de inmediato se habrían interpretado como una ficción reciente. Si las historias eran invenciones, los cristianos no se habrían arriesgado a

---

63. Antes de esto, los relatos sobre Jesús se transmitirían mediante la tradición, que era el modo principal en que se conservaban y transmitían las ideas importantes en las culturas preliterarias.

contarlas a las comunidades judías. Por lo tanto, no hay motivos para suponer que esas narrativas no son ciertas.

Y ahora surge esta pregunta: ¿por qué se habrían esforzado las autoridades judías en propagar semejante historia? Un motivo puede ser que deseaban que fuera un ataque preventivo. Sabían gracias a los guardias que la tumba estaba vacía. Entendieron de inmediato que los cristianos propagarían esa historia como evidencia de que Jesús había resucitado de los muertos. Por consiguiente, decidieron golpear primero al admitir que el sepulcro estaba vacío y presentar su explicación, para contrarrestar la fuerza de la inevitable explicación cristiana.

Siendo un ejemplo de propaganda de los enemigos de Cristo, la circulación de esta historia es una evidencia histórica de la máxima calidad *de que la tumba vacía de Jesús fue un hecho*.

Piensa en ello. Si la tumba no hubiera estado vacía, las autoridades no habrían tenido ninguna dificultad en exponer el cuerpo de Jesús, demostrando indiscutiblemente que no se había producido la resurrección. Cuando los apóstoles anunciaran más tarde que había resucitado, solo se habrían encontrado con burlas, y el cristianismo no habría podido ponerse en marcha.

Una vez más, hemos hecho exactamente lo mismo que harían los científicos forenses: hemos realizado una inferencia para obtener la mejor explicación.

4. El sudario

Existe una evidencia más de la resurrección que demuestra que los discípulos fueron capaces de realizar estas inferencias lógicas. En el relato de Juan leemos que, cuando las mujeres les informaron de que el sepulcro estaba vacío, él y Pedro salieron corriendo hacia la tumba. Juan llegó primero, se inclinó y miró dentro. Inmediatamente se dio cuenta de algo extraño: el sudario de lino que había estado enrollado en torno al cuerpo de Jesús seguía allí. Aún era más extraño que estuviera colocado tal como estaba cuando su cadáver estaba dentro, pero el cuerpo había desaparecido.

Pedro llegó donde estaba Juan, que por consiguiente debía ser mejor corredor (uno de esos pequeños detalles que aportan a la narración el regusto propio de un testigo presencial). Ambos hombres entraron en el sepulcro y vieron el detalle posiblemente más extraño de todos: los tejidos que habían estado enrollados en el cuerpo de Jesús descansaban sobre la parte ligeramente elevada de la repisa que había en la tumba y, aunque ya no recubrían la cabeza de Jesús, seguían enrollados como si lo hicieran, con la diferencia de que probablemente se habían hundido y estaban planos.

El efecto que tuvo esto sobre Juan fue muy intenso: vio y creyó.[64] Esto no significa solamente que ahora creía lo que había dicho María: partiendo de su primer examen de la tumba era evidente que el cuerpo no estaba allí. Pero era mucho más que eso. Hizo la deducción racional de que, ciertamente, debía haber sucedido algo muy misterioso. Parecía que el cuerpo de Jesús hubiera atravesado el sudario dejando sus componentes exactamente donde estaban cuando el cuerpo estaba envuelto en ellos. Juan no tuvo duda de que estaba viendo una evidencia de lo sobrenatural.

¿Qué tenían los lienzos fúnebres que contuviera semejante capacidad de convicción? La pregunta más evidente que podía haber formulado Juan o cualquier persona es: ¿cómo han llegado a estar así? Unos ladrones de tumbas no se habrían llevado el cuerpo dejando atrás los objetos valiosos como el lino y las especies. E incluso si, por algún motivo

---

64. Juan 20:3-8.

insondable, solo hubieran querido el cuerpo, no habrían tenido ningún motivo para volver a enrollar las tiras de tejido fúnebre como si siguieran envolviendo un cuerpo, excepto, quizá, para dar la impresión de que no se había profanado la tumba. Pero si querían dar esa impresión, ¡seguro que hubiera sido mejor volver a correr la piedra dejándola en su sitio! El ruido habría sido considerable. La piedra corrida a un lado revelaba a las claras que alguien había abierto el sepulcro. Era una invitación incuestionable para que la gente viniera a echar un vistazo dentro. Pero aquí nos encontramos con otra cuestión: ¿cómo podrían haber movido la piedra unos ladrones de tumbas si los guardias estaban delante?

Teorías alternativas

Pero si no fueron ladrones de tumbas, ¿quién pudo haber sido? ¿Quizá algunos seguidores mal encaminados de Jesús, que querían robar el cuerpo delante de las narices de las autoridades para llevarlo a un lugar más seguro? Pero si hubieran hecho eso, no se lo habrían ocultado a los otros apóstoles; le habrían enterrado de nuevo reverentemente (como pretendía hacer María),[65] y al final todos los cristianos se hubieran enterado de dónde estaba su tumba. En cualquier caso, aún nos enfrentamos al arduo problema de cómo desplazar la piedra a una distancia desde la que los hubieran oído los guardias.

¿Podría alguien haberse llevado el cuerpo y después haber enrollado los lienzos fúnebres para dar la impresión de que se había producido un milagro? ¿Quién podría haberlo hecho? Era moralmente imposible que los seguidores de Cristo hicieran algo así. También era imposible desde el punto de vista psicológico, porque no esperaban una resurrección. Y era prácticamente imposible hacerlo, debido a los guardias.

---

65. Ver Juan 20:15.

Por último, sería absurdo pensar que las autoridades organizarían algo que sugiriese, siquiera remotamente, una resurrección. ¡Después de todo, fueron ellos los que se aseguraron de que la tumba estuviera vigilada para evitar algo así!

Para Juan y Pedro, este fue un descubrimiento electrizante. Como Sherlock Holmes, habían descartado las explicaciones imposibles, y solo les quedaba una alternativa: que el cuerpo hubiera atravesado las prendas funerarias. Esto es otro ejemplo claro de realizar una inferencia para obtener la mejor explicación, siguiendo la mejor tradición de la ciencia forense.

Pero, ¿qué significaba eso? ¿Y dónde estaba Jesús ahora?

El historiador Michael Grant, de la Universidad de Edimburgo, escribe:

> *Es cierto que el descubrimiento de la tumba vacía se describe de maneras distintas en los cuatro Evangelios, pero si aplicamos el mismo tipo de criterios que aplicaríamos a cualquier otra fuente literaria de la antigüedad, la evidencia es lo bastante sólida y plausible como para exigir la conclusión de que al acceder a la tumba esta se encontraba, realmente, vacía.*[66]

Pedro y Juan salieron del sepulcro vacío. Pensaron que quedarse allí no serviría de nada. Sin embargo, tal como demostraron los acontecimientos, se equivocaban.

4. Testigos oculares de las apariciones de Cristo

Los primeros cristianos no se limitaron a afirmar que la tumba estaba vacía. Era más importante el hecho de que después se habían encontrado con el Cristo resucitado, intermitentemente, durante un periodo de cuarenta días que culminaron en su ascensión.[67] Le habían visto de verdad,

---

66. *Jesus: An Historian's Review of the Gospels* (Charles Schribner & Sons, 1977), p. 176.
67. Hechos 1:3.

hablaron con él y le tocaron, e incluso comieron con él. Fue nada menos que esto lo que les dio el valor necesario para exponer al mundo el mensaje del evangelio cristiano. Ciertamente, el hecho de que habían visto al Cristo resucitado y se habían reunido con él fue una parte integral e importante de ese evangelio. Las evidencias de esto son tan contundentes que incluso el académico ateo Gerd Lüdemann deduce que:

> *Se puede aceptar como algo históricamente seguro que Pedro y los discípulos tuvieron experiencias tras la muerte de Jesús en la que este se les apareció como el Cristo resucitado.*[68]

No es de extrañar que el ateísmo de Lüdemann refute como causa la resurrección, de modo que sostiene que las apariciones fueron visiones.

Sin embargo, esta conclusión queda descartada en virtud de las evidencias procedentes de la ciencia de la psicología. Una vez más, fijémonos que los procesos de razonamiento son perfectamente científicos.

a. *Normalmente, las visiones y las alucinaciones las tienen personas de un temperamento determinado, dotadas de una imaginación vívida.* Los discípulos tenían temperamentos distintos: Mateo era un recaudador de impuestos testarudo y astuto; Pedro y algunos de los otros, curtidos pescadores; Tomás, un escéptico nato, etc. No eran del tipo de personas que uno asocia normalmente con la susceptibilidad a las alucinaciones.

b. *Las alucinaciones tienden a versar sobre sucesos esperados.* El filósofo William Lane Craig señala que "las

---

68. *What Really Happened to Jesus? A Historical Approach to the Resurrection*, p. 80, trad. John Bowden (*La resurrección de Jesús: Historia, experiencia, teología*, Editorial Trotta, 2001).

alucinaciones, al ser proyecciones de la mente, no pueden contener nada nuevo".[69] Pero ninguno de los discípulos esperaba ver de nuevo a Jesús. La expectativa de la resurrección de Jesús no se les había pasado por la cabeza. En lugar de ello, sentían miedo, dudas e incertidumbre; estas son, precisamente, las condiciones previas menos indicadas para tener alucinaciones.

c. *Las alucinaciones suelen producirse a lo largo de un periodo relativamente largo, aumentando o reduciendo su número.* Pero las apariciones de Cristo se produjeron frecuentemente, durante un periodo de cuarenta días, y luego cesaron abruptamente. Ninguno de aquellos primeros discípulos volvió a decir que había tenido de nuevo una experiencia parecida. Las únicas excepciones fueron Esteban y Pablo. Esteban, el primer mártir cristiano, exclamó: "He aquí, veo los cielos abiertos, y al Hijo del Hombre que está a la diestra de Dios".[70] Pablo informa de haberse encontrado una vez con el Cristo resucitado, y añade que fue el último en hacerlo.[71] Por lo tanto, este patrón no encaja con las experiencias alucinatorias.

d. *Resulta difícil imaginar que las primeras quinientas personas que le vieron a la vez padecieron una alucinación colectiva.*[72] Ciertamente, Gary Sibcy, psicólogo clínico, comenta que:

He estudiado la literatura profesional… escrita durante las dos últimas décadas por psicólogos, psiquiatras y

---

69. *Reasonable* Faith, p. 394 (*Fe razonable: Apologética y veracidad cristiana*, Publicaciones Kerygma, 2018).
70. Hechos 7:56.
71. 1 Corintios 15:8.
72. 1 Corintios 15:6.

*otros destacados profesionales de la salud, y aún tengo
que encontrar un solo caso documentado de una
alucinación colectiva, es decir, un suceso en el que más
de una persona tuviera supuestamente una percepción
visual o sensorial de otro tipo en ausencia de un claro
referente externo.*[73]

e. *Las alucinaciones no habrían provocado la creencia en la
resurrección.* Las teorías sobre alucinaciones respecto a
la resurrección de Jesús están gravemente limitadas en
su propósito explicativo: solo intentan explicar las apariciones de Jesús después de su crucifixión. Obviamente, estas teorías no explican la tumba vacía; por muchas
alucinaciones que tuvieran los discípulos, si el sepulcro
cercano a Jerusalén no hubiera estado vacío, ¡nunca habrían predicado la resurrección en esa ciudad!

LOS PRIMEROS TESTIGOS

A todo esto debemos añadir el hecho de que a cualquiera
que sepa algo sobre las leyes antiguas relativas al testimonio
legal, le resultará curioso que los primeros informes mencionados en los Evangelios sobre las apariciones del Cristo resucitado, los dieran mujeres. Dentro de la cultura judía del
siglo I, a las mujeres no solían considerarlas testigos compe-
tentes. Por consiguiente, en aquella época a todo aquel que
quisiera inventarse una historia sobre la resurrección jamás
se le habría pasado por la cabeza mencionar el testimonio
de mujeres. El único valor que tendría incluir su testimonio
sería si fuera cierto y se pudiera comprobar fácilmente, independientemente de lo que pensase la gente sobre el hecho
de que las testigos fueran mujeres. Es decir, que la simple

---

73. W. A. Dembski y M. R. Licona, *The Evidence for God* (Baker, 2010), p. 178.

inclusión del testimonio de las mujeres es otro indicador de autenticidad histórica.

La existencia de la Iglesia cristiana por todo el mundo es un hecho indiscutible. ¿Qué explicación es idónea para justificar la transformación de los primeros discípulos? Partiendo de un grupo asustado de hombres y mujeres, totalmente deprimidos y desilusionados por lo que ellos entendían como la calamidad que había padecido su movimiento cuando su líder fue crucificado, de repente explotó un movimiento poderoso, internacional, que rápidamente se estableció por todo el Imperio Romano y posteriormente por todo el mundo. Y lo más chocante es que los primeros discípulos eran todos judíos, miembros de una religión que no se caracterizaba por su entusiasmo a hacer conversos de otras naciones. ¿Qué pudo ser lo bastante poderoso como para poner en marcha todo este proceso?

Si se lo preguntásemos a la Iglesia primitiva, responderían de inmediato que fue la resurrección de Jesús.[74] Ciertamente, sus miembros sostenían que la razón y el propósito de su existencia eran ser testigos de la resurrección de Cristo. Es decir, que la Iglesia llegó a existir no para promulgar algún programa político o hacer una campaña destinada a la renovación moral; sino, principalmente, para ser testigo del hecho de que Dios había intervenido en la historia, resucitado a Cristo de entre los muertos, y que en su nombre podía recibirse el perdón de los pecados. Este mensaje acabaría teniendo destacadas implicaciones morales para la sociedad; pero lo crucial era el propio mensaje de la resurrección.

Si rechazamos la explicación de su existencia que dieron los primeros cristianos, basándonos en que exige un milagro demasiado grande, ¿qué vamos a poner en su lugar, que no conlleve que forcemos incluso más nuestra capacidad

---

74. Los documentos más antiguos del Nuevo Testamento hablan de un Señor resucitado.

de creer? Negar la resurrección simplemente priva a la Iglesia de una *raison d'être (razón de existir)*, lo cual es absurdo desde el punto de vista tanto histórico como psicológico.

El profesor C. F. D. Moule, de Cambridge, escribe:

> *Si el nacimiento del grupo de los nazarenos, un fenómeno innegablemente atestiguado por el Nuevo Testamento, practica un gran agujero en la historia, un agujero con el tamaño y la forma de la resurrección, ¿qué propone el historiador secular para taparlo? ... por lo tanto, el nacimiento y la expansión acelerada de la Iglesia cristiana* **siguen siendo un enigma sin resolver para cualquier historiador que se niegue a tomarse en serio la única explicación que ofrece la propia Iglesia.**[75]

En este breve análisis solo hemos podido esbozar la profundidad y la amplitud de las evidencias que tenemos disponibles sobre la resurrección de Jesús. Si te interesa conocer más detalles, puedes leer los últimos dos capítulos de mi libro *Gunning for God.*[76]

EL CRISTIANISMO ES FALSIFICABLE

Los críticos llevan dos mil años intentando desesperadamente desacreditar la resurrección, y han fracasado, porque las evidencias son demasiado concluyentes. Por lo tanto, la pregunta que queda pendiente es: ¿seguiremos la pista de la evidencia hasta donde lleve, o no?

Pero ahora es cuando nuestra investigación debe tomar un sendero más serio, y quizá peligroso, para ti; uno que explora no solo las experiencias y las afirmaciones de otros, sino *tu propia* experiencia.

---

75. *The Phenomenon of the New Testament* (SCM Press, 1967), pp. 3, 13.
76. John Lennox, *Disparando contra Dios: Por qué los nuevos ateos no dan en el blanco* (Andamio, 2016).

9
La dimensión personal

Hasta este punto hemos estado pensando en aquellos primeros cristianos que vieron al Jesús resucitado. Sin embargo, la inmensa mayoría de cristianos a lo largo de la historia se han hecho cristianos sin haber visto literalmente a Jesús. Cristo, dirigiéndose a Tomás y a los otros, dijo algo muy importante sobre esto:

> *Porque me has visto, Tomás, creíste; bienaventurados los que no vieron, y creyeron.*
>
> JUAN 20:29 [NVI]

Ellos vieron y creyeron… pero la mayoría no ha visto. Por supuesto, esto no quiere decir que Cristo nos pida a todos los demás que creamos sin tener *ninguna* evidencia. La vista es solo uno de los tipos de evidencia a los que podemos acceder. Lo mismo sucede en la vida cotidiana, donde todos creemos en muchas cosas que no hemos visto: el amor, los átomos, la gravedad y el núcleo fundido de la Tierra. Sin embargo, no creemos en estas cosas sin que medien evidencias. Sencillamente, no tenemos la evidencia visual.

LAS EVIDENCIAS Y LA RELACIÓN

De hecho, el versículo que acabo de citar y que habla de Tomás viene directamente antes de la explicación que da Juan de su motivación para escribir:

> *Hizo además Jesús muchas otras señales en presencia de sus discípulos, las cuales no están escritas en este libro. Pero estas se han escrito para que creáis que Jesús es el Cristo, el Hijo de Dios, y para que creyendo, tengáis vida en su nombre.*

JUAN 20:30-31

La evidencia que se nos ofrece en primer lugar es el testimonio ocular de quienes vieron. Juan escribe para convencernos (a los que no hemos visto) de determinados hechos: que Jesús es quien afirmó ser, el Cristo (= Mesías), el Hijo de Dios (Dios encarnado, el Verbo hecho humano). Pero a Juan no solo le interesa que lleguemos a creer esos hechos; también desea que, basándonos en ellos, pongamos nuestra confianza en Jesús como persona, de modo que podamos experimentar lo maravilloso que es recibir un nuevo tipo de vida que el propio Jesús llamó "vida eterna".

Una cosa es creer determinados datos sobre una persona; algo muy diferente es encontrarse con esa persona y llegar a confiar en ella como amiga. Yo conozco muchos datos sobre Winston Churchill, pero nunca le vi en persona; nunca fue alguien a quien pudiera considerar mi amigo. E incluso si le hubiese visto cara a cara, él nunca me habría entregado su vida. Lo que promete el apóstol Juan a quienes creen en Jesús es una relación personal y viva con Dios por medio de Jesucristo, una relación única.

Una vez que empezamos a hablar sobre las relaciones personales, dejamos atrás la ciencia, pero no dejamos a nuestras espaldas la racionalidad. Existe una diferencia fundamental entre el conocimiento científico y el conocimiento personal. Imagina que quiero llegar a conocerte. Puedo tomar todo tipo de mediciones relacionadas con tu cuerpo, como la altura, el peso y demás. Puedo escanear tu cuerpo con una RMI y descubrir así muchas cosas de tus órganos internos. Pero igual que la ciencia o la tecnología no pueden determinar por qué la tía Matilda hizo su bizcocho, ni esta ni ninguna otra investigación me permitirá llegar a conocerte. Yo jamás llegaré a conocerte a menos que te me reveles, normalmente mediante la conversación.

Sin embargo, en ese proceso mediante el cual te revelas a mí, la racionalidad participa en un grado muy elevado. Tengo que usar mi mente para entender lo que dices, y tú debes usar la tuya para comprenderme.

Con Dios sucede algo parecido. Dado que Dios es una persona y no una teoría, solo podemos llegar a conocerle si se nos revela. La afirmación central de la Biblia es que Dios ha hablado. Nos ha revelado aspectos de su gloria en el esplendor del universo; nos ha hablado a través de los siglos de muchas y variadas maneras, tal como nos dice la Biblia. Pero más concretamente, nos ha hablado por medio de su Hijo.

> *Dios, habiendo hablado muchas veces y de muchas maneras en otro tiempo a los padres por los profetas, en estos postreros días nos ha hablado por el Hijo, a quien constituyó heredero de todo, y por quien asimismo hizo el universo; el cual, siendo el resplandor de su gloria, y la imagen misma de su sustancia, y quien sustenta todas las cosas con la palabra de su poder.*
>
> HEBREOS 1:1-3

¿Y cuál es ese mensaje central que Dios ha transmitido por medio de Jesucristo? La primera pista nos la ofrece su nombre:

Y llamarás su nombre Jesús, porque él salvará a su pueblo de sus pecados.

MATEO 1:21

Y ahora en palabras del propio Jesús:

Porque el Hijo del Hombre no vino para ser servido, sino para servir, y para dar su vida en rescate por muchos.

MARCOS 10:45

Así está escrito, y así fue necesario que el Cristo padeciese, y resucitase de los muertos al tercer día; y que se predicase en su nombre el arrepentimiento y el perdón de pecados en todas las naciones, comenzando desde Jerusalén. Y vosotros sois testigos de estas cosas.

LUCAS 24:46-48

Y eso es precisamente lo que hicieron los primeros cristianos. Salieron al mundo y exhortaron a las personas a que se apartasen (arrepintiesen) de su antigua manera de vivir, diciéndoles que cuando pusieran su confianza en Jesús recibirían el perdón.

Escuchemos las palabras del apóstol Pablo en este mensaje a los pensadores atenienses:

Siendo, pues, linaje de Dios, no debemos pensar que la Divinidad sea semejante a oro, o plata, o piedra, escultura de arte y de imaginación de hombres. Pero Dios, habiendo pasado por alto los tiempos de esta ignorancia, ahora manda a todos los hombres en todo lugar, que se arrepientan; por cuanto ha establecido un día en el cual juzgará al mundo con justicia, por aquel varón a quien designó, dando fe a todos con haberle levantado de los muertos.

HECHOS 17:29-31

El cristianismo no solo afirma los hechos de que Jesús murió y resucitó. Dice que estos eventos tienen implicaciones para todos nosotros, y nos desafía a que hagamos algo al respecto.

La ciencia puede plantear serias cuestiones morales para nuestras conciencias, cuestiones que exigen acción. Por ejemplo, la ciencia nos ha informado sobre el calentamiento global, la contaminación atmosférica y los peligros de los plásticos en los océanos. Nuestra conciencia nos dice que tenemos que hacer algo respecto a estos problemas, para beneficio de las generaciones futuras. Pero la moral debe llevarnos *más allá* de la ciencia; apunta a algo mucho más grande y fundamental, que es nuestra relación con Dios. Este es un tema moral de tal magnitud que su remedio exige la muerte de Jesucristo, el Hijo de Dios.

COMPRENDIÉNDONOS A NOSOTROS MISMOS

Si eres sincero contigo mismo, serás consciente de que el pecado es como un cáncer: complica tu vida y consume las posibilidades de tener una paz, un gozo y una felicidad verdaderos. La humanidad en general está quebrantada por dentro, y si somos sinceros, nosotros también lo estamos.

Los psicólogos y los biólogos evolucionistas intentan explicar por qué esto es así, y ofrecen respuestas, algunas más convincentes que otras. Pero ninguna de ellas presenta como lo hace el cristianismo, una explicación o una respuesta que resuene tanto con nuestros instintos y sentimientos sobre nuestras vidas. El motivo de que el cristianismo tenga tanto que decir sobre el tema del pecado no se debe a una preocupación morbosa por la culpa. Se debe a que el cristianismo nos ofrece un diagnóstico realista del problema del pecado humano, y un remedio para él que aporta una vida nueva, satisfactoria y con sentido.

Por consiguiente, antes de que rechacemos el cristianismo, sin duda sería de sabios plantearse cuáles son exactamente este diagnóstico y este remedio. El diagnóstico bíblico se nos proporciona en el relato del Génesis sobre el huerto del Edén, una de las historias más famosas de toda la literatura. También es una de las más profundas. Relata cómo el Creador puso a los primeros humanos en un paraíso natural que estaba repleto de promesa y de interés. Eran libres para disfrutar del jardín y explorarlo junto con las regiones circundantes, todo lo que les apeteciera. Sin embargo, Dios les prohibió tomar de un fruto, el del "árbol del conocimiento del bien y el mal" (Gn. 2:17). Sin embargo, lejos de mermar el estatus de la humanidad, esta prohibición era esencial para establecer la dignidad única de los humanos como seres morales.

Para que la moral sea real, los humanos deben disponer de cierto grado de libertad. Y es que para existir como seres morales, debe existir una elección moral auténtica entre el bien y el mal. Debe existir una frontera moral. Así que se les prohibió comer de un fruto. Tenían libertad para comer de todos los arboles del huerto, excepto de uno. Dios les dijo que el día que comieran de ese fruto, morirían sin remedio.

Este antiguo relato nos cuenta entonces cómo la serpiente-adversario intentó desacreditar a Dios, sugiriendo que Dios estaba tentando a los seres humanos al ponerles en un entorno exuberante, lleno de hermosos árboles y deliciosos frutos, para luego prohibirles comer de ellos. El enemigo insinuó también que Dios quería limitar la libertad humana al no permitir que los humanos fueran como él. El engaño funcionó.

El pecado "original" que infectó a la raza humana desde bien pronto fue una rebelión del espíritu humano contra el Dios que lo creó, una rebelión que alteró la actitud de la criatura hacia su Creador, hacia los otros humanos y hacia la Creación que nos rodea. En cuanto los primeros humanos tomaron del fruto prohibido, experimentaron vergüenza e inquietud y, por encima de todo, alienación de Dios. La muerte de su relación con Dios iría seguida de manera inevitable, pero no inmediata, por la muerte física. El hombre y la mujer que habían disfrutado del gozo y de la amistad de Dios sintieron ahora que este se había convertido en su enemigo, y huyeron para esconderse de él.

LOS FUGITIVOS

De igual manera, los humanos hemos estado huyendo desde entonces. En el corazón humano siempre ha anidado la sospecha de que Dios, si es que existe, nos es hostil por naturaleza. Nos prohíbe disfrutar de los placeres naturales y nos reprime psicológicamente. Nos impide que desarrollemos nuestro pleno potencial humano. Quizá ahora mismo estés pensando esto, imaginando que Dios es un tirano y un abusón, y que hay que echarle la culpa de todo.

Una mirada superficial al texto de Génesis basta para demostrar que esta queja se basa en una grave distorsión. Ciertamente, Dios creó a Adán para que fuera curioso, pero no para estar descontento. A los primeros humanos no se les privó de satisfacer su curiosidad. Más bien al contrario: estaban rodeados de todo un mundo de posibilidades. Dios les animó a participar en la fascinante tarea de nombrar las cosas (en este caso, los animales), una tarea que es esencial en la ciencia. Dios quería que explorasen su universo y descubrieran los tesoros de su sabiduría.

Respecto a la "prohibición", fijémonos que solo se les prohibió una cosa, y que ese fruto concreto les fue prohibido no para limitar a la humanidad, sino para que pudieran desarrollar una relación de confianza con el Creador. Lo cierto es que podían optar por confiar en el Creador y creer sus palabras o aferrarse a lo que ellos imaginaban que podrían obtener si optaban por ser independientes de él.

Por lo tanto, el diagnóstico bíblico es que hemos heredado una naturaleza que es pecaminosa, y que luego hemos procedido a seguir pecando por nuestra cuenta. Estamos influidos y presionados por todas partes por la ética prevaleciente de un mundo caído. Tal como lo expresa el Nuevo Testamento: "todos pecaron, y están destituidos de la gloria de Dios" (Ro. 3:23). Sin embargo, a muchas personas esto les parece una tremenda injusticia. Dicen: "Nosotros no pedimos nacer en una raza que se malogró ya en sus comienzos. ¿Por qué se nos tiene que condenar a causa de lo que hizo alguien originariamente?". La respuesta a esta objeción razonable la hallamos en una declaración ulterior de san Pablo en esa misma carta: "Porque así como por la desobediencia de un hombre los muchos fueron constituidos pecadores, así también por la obediencia de uno, los muchos serán constituidos justos" (Ro. 5:19).

Dado que no fuimos personalmente responsables de la entrada del pecado en el mundo, no estamos personalmente en posición de rectificar esa situación. Por eso tiene sentido la salvación que ofrece el Nuevo Testamento para el pecado humano, porque (solo) ella es equiparable a la escala del problema. Como fuimos hechos pecadores por lo que hizo otra persona, el rescate y la redención se nos ofrecen gratuitamente bajo los mismos términos: gracias a lo que ha hecho otra Persona, no lo que podamos hacer nosotros mismos. Esto es lo que Jesús afirmó que había venido a hacer:

Porque el Hijo del Hombre no vino para ser servido, sino para servir, y para dar su vida en rescate por muchos.

MARCOS 10:45

Parece que a muchas personas, al no ser conscientes de lo grave que es el problema, les cuesta mucho entender el principio del sufrimiento vicario, y como resultado de ello abundan los malentendidos. Una razón de esto es otra de las repercusiones de la alienación humana de Dios: el concepto muy extendido de que podemos merecer la aceptación de

Dios si acumulamos buenas obras. Después de todo, en la vida hay muchas cosas que dependen del mérito: obtener una licenciatura universitaria, un puesto de trabajo, un ascenso, etc.

En consecuencia, muchas personas piensan que la "salvación", si es que significa algo, no es más que cierto tipo de código religioso que tenemos para ganarnos la aceptación divina, como el precepto moral de amar a tu prójimo como a ti mismo o el de seguir determinados rituales y ceremonias prescritos. Esto las lleva a esforzarse al máximo para cumplir ese código durante un tiempo, solo para descubrir al final que intentarlo puede convertirse en una forma muy desagradable de esclavitud. Entonces llegan a la conclusión (correcta, de hecho) de que esa empresa es imposible, y renuncian a ello. Piensan que han entendido el cristianismo, que lo probaron y descubrieron que no funcionaba, y lo rechazaron.

UNA CONVERSACIÓN EN UN TREN

La principal dificultad en este punto es el concepto de "religión". Esto lo he comprobado preguntando a muchas personas qué piensan que es una religión. El consenso general dice que la religión es una manera de relacionar a los seres humanos con algo que está más allá de sí mismos, algo trascendente, usando enseñanzas, rituales y ceremonias. Normalmente una religión consiste en rituales de iniciación, un camino que hay que seguir con base en una enseñanza prescrita, y un acceso al mundo basado en el mérito obtenido durante el proceso.

Recuerdo claramente que toqué este tema en unas circunstancias muy inusuales. Había estado hablando en una iglesia situada al norte de Hungría y estaba haciendo el viaje de vuelta en tren por Budapest hasta Viena, donde tomaría un vuelo de regreso a casa. Encontré el asiento que había reservado en un vagón de segunda clase y me senté. De repente, estar allí sentado empezó a generarme cierta inquietud, una experiencia que no había tenido en mi vida. Al principio pensé que me había sentado en un asiento que no era el mío, pero después de comprobar mi billete vi que no era así. Entonces se me ocurrió que tenía que ir y sentarme en primera clase. Esa convicción se volvió tan intensa que salí del vagón y me dirigí hacia la parte delantera del tren, donde descubrí que había dos vagones de primera clase; uno parecía algo destartalado y viejo, y el otro estaba nuevo. Cuando el tren estaba a punto de salir, intenté acceder al lustroso vagón nuevo, pero extrañamente descubrí que no podía mover las piernas. Empezó a entrarme el pánico, pensando que me estaba dando un ataque de algo. Pero cuando me volví hacia el vagón más viejo, descubrí que hacia allí sí podía moverme, de modo que entré en él justo cuando el tren empezaba a alejarse del andén.

Me desplomé en el asiento al lado de la puerta del compartimiento, porque los dos asientos de ventana estaban ocupados. Inmediatamente volví a sentirme relajado y normal, pero muy desconcertado por lo que me había sucedido.

Cerré los ojos para descansar un poco y escuché que los dos hombres que estaban sentados junto a la ventana conversaban en un idioma que yo no entendía. Al cabo de un rato pasaron al francés, que yo entendía y hablaba, así que les di los buenos días y estuvimos charlando un poco sobre nuestros respectivos trabajos. Los dos eran experimentados abogados internacionales: uno era embajador, y el otro era juez de un tribunal internacional. Yo les conté que era matemático.

La conversación decayó, y empezaba a adormilarme cuando uno de ellos exclamó de repente:

—¡*Voyez les croix!*" ("¡Miren esas cruces!").

Señaló un cementerio al otro lado de la ventanilla y luego preguntó, a nadie en concreto:

—¿Habrá algún cristiano en este país?

Yo le respondí diciéndoles que sí que había muchos cristianos, y que la semana anterior la había pasado con algunos de ellos, enseñándoles cosas de la Biblia.

—Pero eso no es racional —fue la respuesta—. Usted es matemático, ¿cómo es posible que se tome en serio la Biblia? Y, en cualquier caso, podemos acercarnos a Dios directamente, incluso estando en el desierto. No necesitamos a intermediarios, como Jesús o María, que nos ayuden.

Después de conversar un ratito más, durante el cual les dije que mi fe cristiana se basaba en evidencias, el otro hombre me dijo:

—Mire, nos quedan tres horas en este tren. ¿Estaría dispuesto a explicarlos la diferencia entre el cristianismo y nuestra religión?

Les pregunté cuál era la esencia de su religión, y luego busqué un papel y un bolígrafo para ilustrar mi respuesta. Como no encontré ninguno, vi que el suelo del vagón tenía una capa de polvo, así que con el dedo dibujé en él el diagrama que ves aquí, y les pregunté:

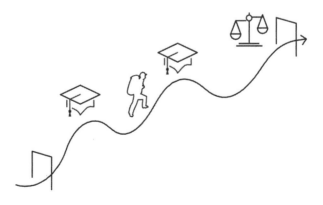

—¿Sería justo decir que su religión consiste en esto? »Al principio de todo hay una puerta de iniciación, una ceremonia de algún tipo, o quizá incluso haber nacido dentro de un grupo concreto, y esto les induce a empezar un camino que he representado con la línea sinuosa. Cuentan con personas que les enseñan y les guían (como indico con los birretes), y el camino sube y baja conforme al éxito que tengan a lo largo del recorrido. Luego, al morir, afrontan una valoración final, representada por la balanza de la justicia, en la que alguien analiza sus vidas; y que les permitan acceder a un mundo glorioso venidero depende de que sus buenas obras sean más numerosas que las malas.

»Dado que se trata de un sistema meritocrático de una persona, por muy buenos que sean sus profesores, consejeros, gurús, imanes, sacerdotes o rabinos, no pueden garantizarles el éxito en ese examen final. En otras palabras, se parece mucho a un curso universitario: tienen que cumplir algunos requisitos previos para acceder, cursar las materias y cuando acaba el curso hacer los exámenes finales. Por muy buenos y agradables que sean sus profesores, no pueden garantizarles la nota, dado que esta depende por completo de lo que se merezcan según cómo hagan el examen final.

Los dos hombres estuvieron de acuerdo en que esto no era solo lo que ellos creían, sino lo que creían *todas* las personas religiosas; es decir, que era la esencia de la religión. Y no solo eso, sino que también admitieron que las religiones tienen en común una gran cantidad de enseñanzas morales.

— Vale, de acuerdo —dije—. Eso significa que yo no soy religioso.

—Pero ha dicho que era cristiano —dijeron.

—Sí, soy cristiano, y lo que voy a decirles es la respuesta directa a su pregunta originaria: ¿cuál es la diferencia entre lo que creo yo y lo que creen ustedes? Pero dejen primero que les diga que estoy de acuerdo con ustedes en que hay muchas enseñanzas morales comunes. Tomemos, por ejemplo, lo que suele llamarse "la regla de oro", una de cuyas versiones dice: "Trata a los demás como te gustaría que te tratasen a ti". Descubrirán este elemento en todas las religiones y filosofías bajo el sol, incluso en aquellas religiones y filosofías que no creen en ningún tipo de dioses.

»Las diferencias aparecen en lo que tienen que decir las religiones sobre cómo se relaciona la persona con Dios o con los dioses. Mi ilustración expone el paradigma que comparten con muchos otros. Sin embargo, el mensaje cristiano es muy diferente. No consiste en buscar la aceptación de Dios el día del juicio final basándose en los méritos de cada uno. El cristianismo, sobre este tema, enseña algo absolutamente radical. Nos dice que podemos ser aceptados al principio del camino. Enseña que el paso inicial no es un rito, un ritual o una ceremonia a la que se somete a un bebé o a un adulto, sino que es la decisión de comprometerse con una persona, Jesucristo, que conlleva creer que Él es Dios encarnado, que ha venido al mundo para entregar su vida como rescate por nuestros pecados, que nos alienan de Dios.

En este momento dibujé una cruz en la puerta que había trazado al principio de mi esbozo, en el polvo del suelo.

—Ahora —les dije—, si quieren una respuesta a su pregunta, les ruego que me escuchen con atención e intenten comprenderlo antes de cuestionarlo.

—Adelante —dijeron.

—Esto es lo que dijo Jesús: "El que oye mi palabra, y cree al que me envió, tiene vida eterna; y no vendrá a condenación, mas ha pasado de muerte a vida" (Jn. 5:24). El contexto es la impresionante afirmación de Jesús de que Él será el Juez final de la humanidad.

Volviéndome hacia el juez, sentado junto a la ventanilla, le dije:

—Señor juez, suponga que yo le expongo mi caso y usted me declara libre. ¿Tendría yo derecho a creerle?

Con expresión indignada, dijo:

—¡Por supuesto, yo soy el juez, el evaluador final, y si digo que usted está libre, está libre.

—Bueno, pues de eso se trata exactamente —contesté—. Jesús es el juez de máximo nivel en todo el universo. Y nos dice que si confiamos en Él personalmente, nos declarará en paz con Dios sobre el fundamento de que Él mismo ha pagado en la cruz la pena por el veredicto de culpabilidad que merecían nuestros pecados. Además, la evidencia de que esto es así, como dijo Pablo, uno de los primeros apóstoles, a los filósofos de Atenas, es que Dios ha dado la seguridad de que todo es así al resucitar a Jesús de entre los muertos.

En el vagón se produjo un silencio prolongado, y luego el embajador le dijo al juez:

—Hay una gran diferencia entre el cristianismo y el concepto que tenemos habitualmente de la religión. —Y volviéndose hacia mí, añadió—. Y todo depende de quién es realmente Jesucristo.

—Exacto —repuse.

Entonces me contaron la siguiente historia. Aquel fin de semana habían asistido a una conferencia de alto nivel en Viena, y habían descubierto que tenían un día libre. Pidieron un coche de la embajada que los llevara a Budapest y, después de pasar allí la mayor parte del día, emprendieron el viaje de regreso. Su coche tuvo una avería justo delante de la estación del tren. No les quedó otra alternativa que tomar el tren.

—Nunca viajamos en tren —explicaron—. Hacía años que no subíamos a uno. Y entonces nos encontramos con

usted en el tren y mantenemos una conversación de una naturaleza que no habíamos mantenido en la vida, ni siquiera
en las universidades punteras del mundo a las que hemos
asistido. ¿Cómo se lo explica?

—Muy fácil —contesté—. Creo que existe algo llamado
guía divina y que esta situación es un ejemplo de ella.

Cuento esta anécdota no solo para ayudarnos a ver la diferencia entre los conceptos convencionales de la religión y el
núcleo del mensaje cristiano. La he contado por otro motivo
importante. Verás, Dios no solo "existe" en un sentido académico o filosófico. Está vivo y activo en el mundo, obra en
nuestras vidas, nos extiende su mano, nos habla mediante la
Creación y, de forma definitiva, por medio de su Hijo Jesucristo. En mi vida he tenido demasiadas "coincidencias" como
para atribuirlas al puro azar; esta fue solo una de muchas.

Y tú, querido lector o lectora, ahora estás leyendo este libro.
Puede que te lo haya regalado un amigo, o lo hayas elegido
porque sí. Es posible que tengas preguntas profundas sobre
Dios, o quizá sientas una curiosidad puramente intelectual.
¿Me permites aventurar que estás leyendo esto por un motivo?
¿Que el Dios del universo te ha puesto donde estás, con este
libro en la mano, para que puedas, quizá, acercarte a él?

Quizá tú, como muchas otras personas, tienes un concepto erróneo de Dios y de nuestra manera de relacionarnos
con Él, y esta es su manera de llamarte la atención sobre ese
hecho. Vale la pena pensar en ello.

CÓMO NOS RELACIONAMOS CON DIOS

He usado muchas veces el dibujo[77] que hice en el suelo del
tren, y a veces refuerzo su mensaje ampliándolo con otra

---

77. La versión original de esta ilustración se la debo a un amigo de toda la vida, mi
mentor y colega el profesor David Gooding, miembro de la Royal Irish Academy.

ilustración. Vamos a imaginar que conozco a una chica, me enamoro de ella y decido pedirle que se case conmigo. Me acerco a ella y le entrego un regalo muy bien envuelto. Me pregunta qué es, y le digo que lo abra y ya se lo explicaré. Ella descubre que se trata de un libro de cocina muy popular. Me da las gracias, y yo le cuento que ese libro está lleno de reglas y de instrucciones para cocinar estupendamente. Vale, ella me gusta mucho y me encantaría que fuera mi mujer, de modo que le digo que si sigue las reglas y las instrucciones del libro y cocina para mí con un estándar muy alto de calidad durante, pongamos, los siguientes cuarenta años, entonces me plantearé aceptarla. Si no, ¡ya puede volverse con su madre!

Por supuesto, es una suposición ridícula, y si ella me tirase el libro a la cara y no volviera a dirigirme la palabra, estaría recibiendo mucho menos de lo que merecería. ¿Por qué? Porque mi proposición es ofensiva para ella, y mucho. Sugiere que antes de aceptarla voy a pasarme años observando cómo se le da la cocina.

Nunca se nos pasaría por la cabeza tratar así a nadie. No es así como se forman las relaciones. Sin embargo, lo más curioso es que *esta es precisamente la actitud que muchas personas tienen hacia Dios*: intentan acumular méritos con la esperanza de obtener un día la aceptación de Dios, como en mi dibujo del sendero sinuoso. Todo el mundo se da cuenta de que este método no funciona con nuestros congéneres. Tampoco funciona con Dios, dado que Él es la persona a cuya imagen fuimos creados. Y muy a menudo nuestro orgullo nos oculta esta verdad. Es increíble ver cuántas personas parecen estar dispuestas a hacer cosas para Dios con objeto de ganarse la salvación, pero sin embargo no están dispuestas a confiar en él.

Merece la pena que lo subrayemos una vez más: según el cristianismo, la "salvación" significa exactamente esto, un acto por parte de Dios para rescatar a quienes no podían ayudarse a sí mismos. En esencia, es la magnífica doctrina de la gracia de Dios. Dice que toda persona, si lo desea, puede ser perdonada y hallar una nueva vida y una amistad con Dios; da igual cómo sea cada uno, y no importa lo que haya hecho.

HALLANDO EL PERDÓN DE DIOS

Esto nos lleva a otro ingrediente esencial en el mensaje cristiano que mencioné en la ilustración que ofrecí a los abogados del tren: que Jesús será el Juez final.

El propio Cristo reclamó ese papel durante su vida en la Tierra, y dijo lo siguiente sobre cómo se desarrollaría el juicio:

> *Porque no envió Dios a su Hijo al mundo para condenar al mundo, sino para que el mundo sea salvo por él. El que en él cree, no es condenado...*
>
> JUAN 3:17-18

Está claro que las personas que creen que pueden obtener la aceptación de Dios mediante sus méritos no son conscientes de su situación frente al juicio divino. Porque todos sabemos que nos quedamos cortos (a veces mucho) frente a nuestros propios estándares, por no hablar ya de los de Dios. Cuanto más en serio nos tomemos la ley de Dios, más veremos lo pecadores que somos. Sin embargo, muchos tienen la esperanza de que, en lo tocante al juicio, Dios no se tomará muy serio sus propios estándares, sino que mantendrá una actitud relajada haciendo la vista gorda frente a nuestros pecados y nos aceptará. Esto supone no entender que la santidad de Dios no puede hacer concesiones ni las hará. Su estándar es la perfección, de modo que la persona "que guardare toda la ley, pero ofendiere en un punto, se hace culpable de todos"

(Stg. 2:10). Decir que esto no es justo es como decir que no lo es que se rompa un solo eslabón de la cadena que sujeta un barco a su ancla, de modo que el barco queda a la deriva y se pierde. La propia naturaleza de la relación exige que sea así.

La única manera de eludir el juicio, como nos dice Cristo por su amor, es dejar de intentar que nos acepte en función del mérito y confiar en Jesús para nuestra salvación. Déjame que lo repita: la aceptación de Dios no depende de alcanzar un estándar de perfección que es, en cualquier caso, una misión que escapa a la capacidad humana. La buena noticia es que la salvación mediante la cual Dios está dispuesto a aceptarnos, tal como dice repetidamente el Nuevo Testamento, se nos concede por la gracia de Dios como un regalo: "pues es don de Dios; no por obras, para que nadie se gloríe" (Ef. 2:8-9).

Sin embargo, como todos los regalos, debe recibirse. Esto no es automático; conlleva que nos arrepintamos y pongamos nuestra confianza en Dios como acto deliberado de nuestra voluntad. La lógica de esto es importante: dado que la rebelión humana originaria contra Dios conllevó falta de confianza y el intento de alcanzar independencia, el camino de vuelta pasa inevitablemente por arrepentirse de esa actitud, poner la confianza en Dios y aprender a depender de Él. Conlleva:

1. *Arrepentimiento*, es decir, experimentar un cambio de corazón y de mente al darnos cuenta de que somos pecadores, que hemos ofendido a Dios; y aceptar el veredicto de Dios sobre el pecado de nuestras vidas que nos ha perjudicado; apartarnos de nuestro pecado, y ser conscientes de que Jesús llevó sobre sí mismo el juicio que merecíamos.

2. *Fe*, es decir, recibir de Cristo, mediante un acto deliberado de entrega y de confianza, el regalo de la salvación que no podíamos ganar ni alcanzar por nosotros mismos.

Algunos reaccionan argumentando que esto no puede ser cierto, porque si la salvación no depende de nuestro mérito podemos seguir viviendo alegremente como queramos, y aun así Dios nos aceptará. No es así. La persona que adopta esta actitud demuestra que no ha entendido qué significa el arrepentimiento. No hay salvación para nadie que tenga intención de seguir pecando.

Porque con Cristo pasa lo mismo que con el matrimonio, donde, como dijimos antes, la aceptación se produce al principio de la relación; es exactamente igual. Somos aceptados en el mismo momento en que nos arrepentimos y confiamos en él. A partir de ese momento deseamos vivir para complacerle, no para obtener su aceptación sino porque ya la tenemos. Hacer otra cosa demuestra que nunca hemos entendido qué significa realmente la salvación.

Al decir "Todo depende de quién es Jesús", mi contertulio del tren aquel día en Hungría había comprendido que la esencia del cristianismo es la persona de Jesucristo. El mensaje cristiano solo tiene sentido si Él es quien afirmó ser: Dios encarnado, el Salvador. Esta es una afirmación maravillosa, y por eso en este libro hemos aducido evidencias de la veracidad de esa afirmación, sacadas de una amplia variedad de fuentes.

Quizá parezca que en este capítulo nos hemos alejado de las consideraciones científicas de capítulos anteriores, y la verdad es que en cierto sentido sí lo hemos hecho. Sin embargo, no del todo. Primero, porque hemos procedido según el método de la investigación racional, como hacen todas las ciencias. Segundo, porque ahora estamos en una posición desde la que podemos entender cómo le va al cristianismo cuando le aplicamos un concepto muy científico: la *verificabilidad*.

Nos queda pendiente una etapa en nuestro viaje de descubrimiento…

10
Entrando al laboratorio: examinando la veracidad del cristianismo

En el mundo de la ciencia, la comprobación de nuevos conceptos, hipótesis y teorías juega un papel muy importante. Por ejemplo, cuando un ingeniero aeroespacial diseña una nueva aeronave, se construye un prototipo y se lo somete a pruebas exhaustivas, se inspecciona y se vuelve a probar para garantizar que es fiable para transportar con seguridad a cientos de pasajeros por todo el mundo.

Teniendo esto en cuenta, a menudo me preguntan cómo puedo ser científico y a la vez cristiano, dado que todo lo que hay en la ciencia es verificable, pero en el cristianismo nada lo es. Una vez más, este comentario revela un malentendido fundamental tanto de la ciencia como de la fe cristiana. Primero, debemos recordar que algunas teorías científicas importantes aún no se han demostrado; por ejemplo, la predicción que hizo el desaparecido Stephen Hawking de que los agujeros negros emiten radiación. Muchos están de acuerdo en que la persona que diseñe un test que confirme su predicción obtendrá el Premio Nobel.

Segundo, el cristianismo *se puede* verificar. Ya hemos estado haciendo algo así en el nivel objetivo, al reflexionar sobre el modo en que el mensaje cristiano resiste frente a la cosmovisión atea, al hablar de la fiabilidad de los documentos bíblicos y al sondear las evidencias de la resurrección.

El cristianismo también es altamente verificable en el nivel personal. Si no lo fuera no tendría interés (al menos, para mí). ¿Cómo podemos verificarlo? Piensa en lo que promete Jesús a quienes se arrepienten de sus pecados y confían en Él para obtener la salvación: la paz con Dios, el perdón, una nueva vida con nuevas capacidades, deseos y oportunidades, una nueva comunión y amistad con Dios, un amor profundo hacia una nueva comunidad de cristianos, nuevas vías de servicio y el potencial para realizarnos como humanos, así como recursos para afrontar el dolor y el sufrimiento de la vida; todo esto dota a la vida de un significado nuevo.

No es difícil someter esto a prueba.

Primero, puedes leer el Nuevo Testamento y ver qué efecto tuvo el mensaje que transmitieron Jesús y los apóstoles sobre aquellos que se relacionaban con ellos, llevando amor a los que nadie amaba, salud mental a los mentalmente inestables, salud a los enfermos, nueva esperanza a los desesperados y salvación a los perdidos.

Y lo que sucedió entonces sigue pasando hoy.

UN GRITO DESDE EL PALCO

Hace algún tiempo estaba dando una conferencia en una importante universidad de Estados Unidos, y hablaba sobre la credibilidad del cristianismo. Justo cuando acabé, un estudiante chino se puso de pie en uno de los palcos y gritó muy alto: "¡Miradme!". Nos sorprendió a todos, y lo miramos. Dirigiéndome a él, pregunté: "¿Por qué tenemos que mirarte?". Su respuesta fue más o menos la siguiente: "Hace seis meses mi vida era un desastre: no tenía paz ni veía salida a mi situación. Me llevaron a una conferencia que dio usted en otra universidad, y algo que usted dijo provocó una respuesta en mí. Pocas semanas después entregué mi vida a Cristo. ¡Y míreme ahora!". Irradiaba un gozo que todos podíamos ver. Había puesto a prueba el cristianismo y había descubierto que era cierto.

Este tipo de anécdotas se puede repetir una y otra vez en las vidas de toda clase de personas: drogadictos y directores ejecutivos; fontaneros y policías; científicos, estudiantes y barrenderos. Y según el verdadero espíritu de la investigación científica, cada repetición añade algo a la evidencia de que el cristianismo es verdad.

A menudo sucede de la siguiente manera. Conocemos a alguien, nos cuenta sus problemas con las relaciones personales, el dinero, quizá el alcohol y las drogas, el estrés, la depresión e innumerables cosas más. Un tiempo después volvemos a encontrarnos con esa persona y la vemos totalmente transformada: su matrimonio se ha arreglado, ha cambiado el alcohol y las drogas por la comida en la mesa, su temperamento ha mejorado y posee una evidente sensación de bienestar y de sentido en su vida. Le preguntamos qué sucedió. La respuesta puede adoptar distintas formas:

Conocí a Cristo.

Me di cuenta de que no había salida y alguien me expuso el mensaje cristiano, así que me aparté de mis malos caminos y puse mi confianza en Cristo.

Leí el Nuevo Testamento y su verdad me convenció en lo más hondo de mi ser, de modo que me volví a Cristo.

Me hice cristiano.

Cuando uno ve cómo esto se repite una y otra vez, no es difícil sumar dos y dos y que dé cuatro. Porque al nivel de la experiencia existen evidencias aplastantes del poder transformador de Cristo en las vidas de aquellos que recurren a Él para salvarse.

MÁS ALLÁ DEL ESCEPTICISMO

El término griego del que se deriva "escéptico" es *skeptein*, que significa "comprobar algo desde cierta distancia". Y es importante hacer esto para que nadie nos engañe. Por eso he dedicado tanto espacio en este libro a comprobar los datos: las razones, los argumentos, las ideas, las evidencias. Pero, cuando ya hemos comprobado todo lo que podíamos, llega un punto en el que si queremos progresar tenemos que renunciar a nuestra distancia.

Si te mantienes a distancia, nunca llegarás a conocerme ni a mí ni a nadie. Si deseas conocerme, tendrás que dar el paso de renunciar a tu distancia y conversar conmigo. No es posible ni siquiera saber qué es una relación sin interactuar con alguien. Lo mismo pasa con Dios. Podemos y debemos probar las cosas desde cierta distancia, pero ese es solo el primer paso. Para obtener la evidencia final de la veracidad del cristianismo tenemos que renunciar a esa distancia, arrepentirnos y poner nuestra confianza en Cristo.

Yo di ese paso hace más de sesenta años, y he comprobado que las promesas de Cristo son ciertas en todos los ámbitos de mi vida: en mi familia, en mi vida profesional y en la transmisión del mensaje cristiano a la comunidad, en el sentido más amplio de la palabra. Pero mi experiencia no te servirá a ti. Puedes y debes experimentar esta transformación por ti mismo.[78]

EL EXPERIMENTO DEFINITIVO

¿Puede la ciencia explicarlo todo? Creo que ha quedado bastante claro que no puede.

¿Puede mezclarse la ciencia con el cristianismo? Sí, espero haberte demostrado que encajan bastante bien. Sin embargo, no debemos olvidar que la ciencia, por fascinante que sea, es simplemente la investigación del mundo que nos rodea. Cristo es aquel que dotó de existencia a nuestro mundo y a nosotros mismos. Nos resulta difícil asimilar la magnitud de este hecho. Esto es lo que dice el apóstol Pablo:

> *Él es la imagen del Dios invisible, el primogénito de toda creación. Porque en él fueron creadas todas las cosas, las que hay en los cielos y las que hay en la tierra, visibles e invisibles; sean tronos, sean dominios, sean principados, sean potestades; todo fue creado por medio de él y para él. Y él es antes de todas las cosas, y todas las cosas en él subsisten; y él es la cabeza del cuerpo que es la iglesia, él que es el principio, el primogénito de entre los muertos, para que en todo tenga la preeminencia; por cuanto agradó al Padre que en él habitase toda plenitud, y por medio de él reconciliar consigo todas las cosas, así las que están en la tierra como las que están en los cielos, haciendo la paz mediante la sangre de su cruz.*
>
> COLOSENSES 1:15-20

---

78. Recomiendo el libro *City Lives: True Stories of Changed Lives from the Workplace*, de Marcus Nodder (10 Publishing, 2018). Cuenta historias de numerosos hombres y mujeres que han hallado la fe en Cristo.

No llegar a conocerle supone perderse el propósito último de la vida y el gozo que comporta hacerlo. Pero su mensaje para ti es que, debido a lo que Él ha hecho, no tienes por qué perderte nada en absoluto.

OTROS LIBROS DE JOHN LENNOX

- ¿Ha enterrado la ciencia a Dios? (Rialp, 2019). En este libro abordo con detalle los argumentos de Richard Dawkins en *El espejismo de Dios*.
- *El principio según el Génesis y la ciencia. Siete días que dividieron el mundo* (Clie, 2018). Mi conclusión sobre el modo en que se relacionan los primeros capítulos de Génesis con las evidencias sobre el origen del universo, la tierra y la humanidad.
- *God and Stephen Hawking: Whose Design Is It Anyway?* (Lion, 2011). Una crítica de las conclusiones de Hawking sobre los orígenes del cosmos.
- *Disparando contra Dios: Por qué los nuevos ateos no dan en el blanco* (Andamio, 2016). Un análisis y una refutación de los argumentos que proponen una serie de ateos destacados contra el teísmo.

OTROS LIBROS

- Richard Dawkins, *El espejismo de Dios* (Espasa Libros, 2007). El alegato, apasionado pero erróneo, que hace Dawkins del ateísmo.
- Christopher Hitchens, *God Is Not Great: How Religion Poisons Everything* (Atlantic Books, 2008). He mantenido un debate público con Hitchens en dos ocasiones y, aunque discrepo totalmente de su punto de vista, le considero un pensador reflexivo y meticuloso.
- Ronald L. Numbers, *Galileo Goes to Jail and Other Myths about Science and Religion* (Harvard University Press, 2010). Una serie de destacados académicos ateos, agnósticos y cristianos se reúnen para desmontar los "mitos

caducos" que alimentan la frecuente mala interpretación de que la ciencia y la religión están en guerra.

- Peter Harrison, *Los territorios de la ciencia y la religión* (Universidad Pontificia Comillas, 2019). Una nueva evaluación fascinante de las categorías de ciencia y religión, y de nuestros conceptos equivocados sobre ambas.

- C. S. Lewis, *Mero cristianismo* (Rialp, 1995). Quizá el lenguaje sea un poco arcaico, pero este breve libro sigue pegando muy fuerte, y ha cambiado la forma que muchos tenían de entender a Dios.

- Marcus Nodder, *City Lives: True Stories of Changed Lives from the Workplace* (10 Publishing, 2018). Este libro destruye la creencia de que la fe en Dios es para los débiles y los intelectualmente inferiores. Contiene numerosas historias de personas con muchos estilos de vida diferentes que han puesto su fe en Cristo.

- *La Biblia.* Siempre me sorprende constatar cuántas personas no han leído siendo adultas ninguno de los Evangelios (Mateo, Marcos, Lucas y Juan, las cuatro biografías de Jesús que figuran en el Nuevo Testamento). El tiempo dedicado a leer estos relatos de testigos presenciales, y a reflexionar sobre las enseñanzas de Jesús, nunca es un tiempo perdido.

- Lee Strobel, *El caso de Cristo: Una investigación exhaustiva* (Vida, 2019). Strobel empezó su investigación siendo ateo, y entrevistó a docenas de expertos de todas las disciplinas y estilos de vida.

AGRADECIMIENTOS

Mi sincera gratitud para Tim Thornborough de The Good Book Company por animarme a escribir este libro, por muchas ideas valiosas y por estar a mi lado cuando desesperé de poder darle una forma definida.